台灣山海經

國家公園生態文學之旅

古蒙仁 著

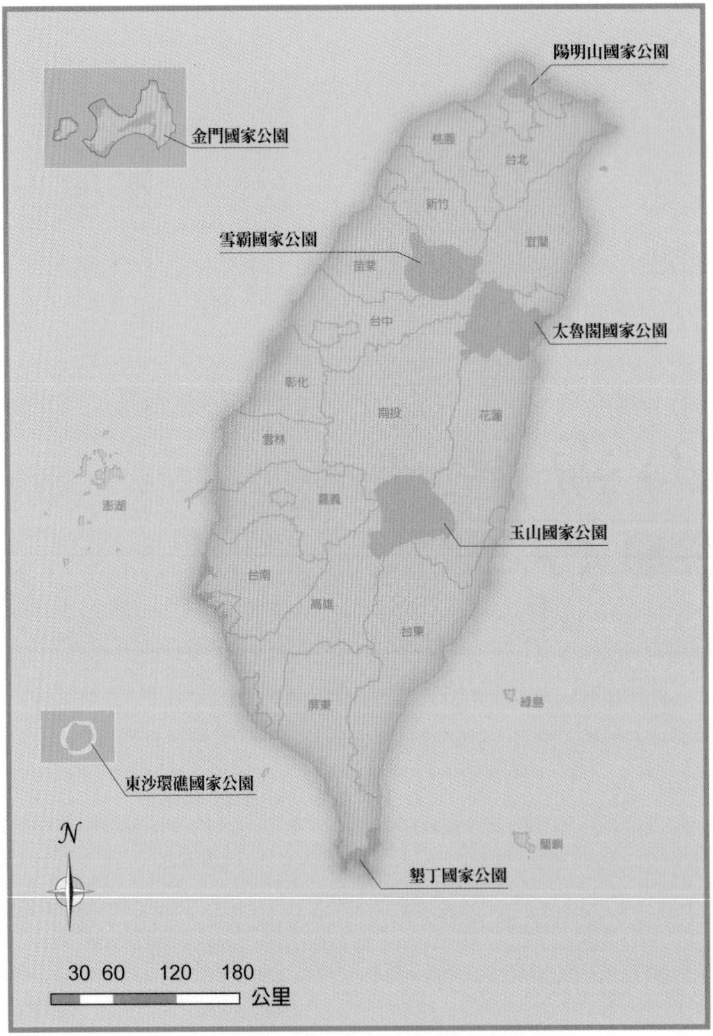

台灣國家公園地理位置圖

目錄

壯闊的山河，永遠的台灣

——走讀「國家公園生態文學之旅」

履彊

台灣公益組織教育基金會成立多年，舉辦過無數次研習活動，在城鄉之間，走過山巔、海隅，帶領青年朋友、孩子們，一齊歡笑、運動，探索台灣這塊土地的人文故事，而其中最受歡迎，讓來自不同階層、族群的年輕學子們驚嘆、驚豔的，莫過於台灣國家公園生態人文景觀的介紹課程；有的孩子們或家長雖已有豐富的出國經驗，大多數也到過陽明山、墾丁、阿里山，但也只是走馬看花式的「到此一遊，攝影留念」，對國家公園豐富而多樣的生物、生態，不同季節所展現的多層次美麗樣貌，乃至於國家公園千百年演替的人文、故事，其實是非常貧乏的。也因此參與過基金會活動的家長、孩子們，都希望能有一本不同於坊間旅遊資訊、觀光簡介，又能兼具功能性、文學性且完整的國家公園圖文導覽。

做爲基金會志工的我，義不容辭地向主管國家公園的內政部營建署署長葉世文先生，提出「國家公園生態文學之旅」報導文學及紀錄影片的構想，由於葉署長在多年前擔任玉山國家公園管理處長時，曾邀請知名散文作家陳列撰寫《永遠的山》一書，開啓「文學的國家公園」之門，讓國人透過陳列兼具知性與感性的筆，了解玉山、親近玉山。有了《永遠的山》的經驗，葉世文署長慨允贊助基金會完成此一企劃，也讓讀者可以藉由報導文學與紀錄影片進一步走讀台灣的國家公園。

事實上，陳列《永遠的山》一書，也是多年後我在擔任文化總會秘書長時，與好友也是同事的詩人路寒袖推動「玉山學」的動力緣起，自二〇〇一年起，參與並登上玉山的作家、音樂家等藝文工作者已達千餘人，每一梯次的登山學員不論身分、職業，都必須先參加有關玉山生態、生物的課程講習及體能訓練後，才能正式登山，過程中並由玉管處派專人隨行解說，完成登山後，受邀的作家，有的寫詩，有的寫散文，並由路寒袖專書出版，洛陽紙貴，蔚爲風潮。那幾年，文化界、文學界的朋友見面都會以「你登過玉山了沒？」相互問候與期許，使「玉山學」成爲台灣文壇、文化界的美談。

獲得營建署的贊助承諾後，基金會的璟斌、嘉羚兩位年輕的神仙伴侶，隨即展開細部的規劃與執行工作，但由於時間、經費的限制，這件必須上山下海，走讀各座國家公園的文字與拍攝工作，構想雖不算太難，但要完成卻是「知易行難」。幸好，我的兩位多年好友古蒙仁、林文義，慨然傾力相助；古蒙仁曾以《黑色的部落》獲時報文學獎報導文學首獎，既是散文家、小說家，也是攝影家，他的文筆有著鏡頭的美學，攝影作品則有散文與詩的意境。憑藉他多年採訪、報導與創作的豐富經驗，加上營建署國家公園組與各國家公園管理處所有工作同仁在資料上的協助，他不眠不休，全心全力，既要實地採訪，又要閱讀、蒐集大量的資訊，可說「上窮碧落下黃泉」，終於以不到一百天的時間完成這本「國家公園生態文學之旅」鉅著。此書所呈現的國家公園之「美」，也多虧了營建署國家公園組所不吝提供的「eye上國家公園」攝影比賽的得獎作品，讓本書更爲豐富精采。而執華文文學出版牛耳的《印刻文學生活誌》的詩人總編輯初安民，也特別爲本書取名爲「台灣山海經」，並在最短的時間，投入大量的人力、物力，使本書順利出版，實在是讀者之福。

而聞名海內外的散文名家林文義，則擔任「國家公園生態文學之旅」紀錄影集的主持人，阿義不僅文筆細膩，思維敏捷，口才便給，也曾主持過電視節目，更是call-in節目的名嘴。可貴的是，兩位名家都不計較微薄的稿酬與待遇，可說以志工的方式，參與此一企劃的工作，實在令人感佩。

「國家公園生態文學之旅」的影集將在台灣藝術電視台與新眼光電視台分別播

出，相信國人不僅可以大飽眼福，也可藉由古蒙仁的生花妙筆，心領神會國家公園的生態人文之美。令人稍感遺憾的是，受限於時間、交通與經費，海底生態花團錦繡，位於東沙的「海洋國家公園」與甫成立的「台江國家公園」尚未能列入此次企劃，雖是美中不足，但卻也可留待未來寫作與報導的留白。

永遠的山，永遠的海，永遠的台灣，願讀者在閱讀《台灣山海經》之餘，起程出發至心儀的國家公園，留下足跡，寫下生活與生命中的「山海經」。

（本文作者履彊，本名蘇進強，為本書總策劃。）

台灣的優詩美地

古蒙仁

我對國家公園最初的印象和概念，是來自美國的攝影巨擘安瑟．亞當斯(Ansel Adams)。民國六十九年夏天，我第一次看到他的經典之作《優詩美地國家公園》時，眞有相逢恨晚之感，不但被他作品中那種蒼勁雄奇，且又詩意盎然的風格感到震撼；連帶地對「優詩美地」的風景也深深地爲之著迷，充滿了嚮往。

民國七十二年初我負笈美國，暑假一到，便迫不及待地飛到舊金山，投奔到她的懷裡，整整在那兒盤桓了三天。清澈的梅詩河、雄偉的半圓岩，以及艾爾卡匹斷崖，這些安氏鏡頭底下的經典美景，一一出現在眼前，我宛如置身夢境，內心爲之澎湃不已。第二年暑假，我又開車去了懷俄明的黃石公園，見識了美國西部原野的遼闊與雄偉，內心同樣產生極度的震撼和感動。遊歷了美國這兩個最具代表性的國家公園之後，我認爲美國的山林美景已盡入我的眼底胸懷，靈氣迴盪，洶湧不已，足供我回味一生。

七十三年底返國之後，正值國家公園成立的勃興之機，國內第一座國家公園——墾丁國家公園在元月正式成立，以後十年之間，共有六座國家公園先後問世，使得台灣躋身國家公園列強之林。小小面積的台灣，能擁有這項成績，確實難能可貴（光是黃石公園就占了台灣面積的四分之一）。何況在晚近不到三年之內，又把這個數字推進到八座，分別擁有山岳、海洋、都會、戰地、環礁、濕地等不同型態與風格的國家公園，尤屬不易。

我因從事報導採訪工作和性喜登山冒險的緣故，早在國家公園成立之前，即跑遍了這些地區。玉山氣象測候所、八通關古道、武陵農場、太魯閣峽谷、大霸尖山、墾丁熱帶雨林和恆春古城、大小金門，乃至近在咫尺的陽明山和大屯山，都曾留下我探訪的足跡。當時雖然年少輕狂，志在寰宇四方，但心靈已然深深地烙印了台灣美麗而壯觀的山河影像。

近十年來在歐美、日本及大陸四處遊歷，觀賞了不少名山大川，台灣與之相較，絲毫不覺遜色。因此國家公園成立之後，我仍常擇期前往羈旅，貪享山林美景。二十多年下來，除了東沙環礁公園尚未抵達之外，其餘七座都已一再登臨，再三流連，盡情而忘我地陶醉其間，也曾寫了不少文章，記錄我的所思、所感。優詩美地一詞已不再由美國加州獨享，在我的心目中，它也成了所有美麗山林的代名詞，用來泛指台灣的國家公園，可說再恰當不過。

國家公園有一句名言，「除了足跡，什麼都不留下」。人們也常說，「凡走過的，必留下足跡」。信哉斯言，用在我寫這本書的案例，更顯眞切。不管過程如何急迫、辛勞，但能借此機會寫下一本有關國家公園的書，既是一種殊勝的因緣，也完成了自己的一番心願。足跡加上筆跡，我因此比別人對國家公園有了更深的認識和了解，希望有緣的人也能沿著這些筆跡，去發現他們生命中的桃花源，那便是一個作者最大的盼望和滿足了。

民國九十八年十二月十二日

1.

墾丁國家公園

蔚藍的珊瑚礁——

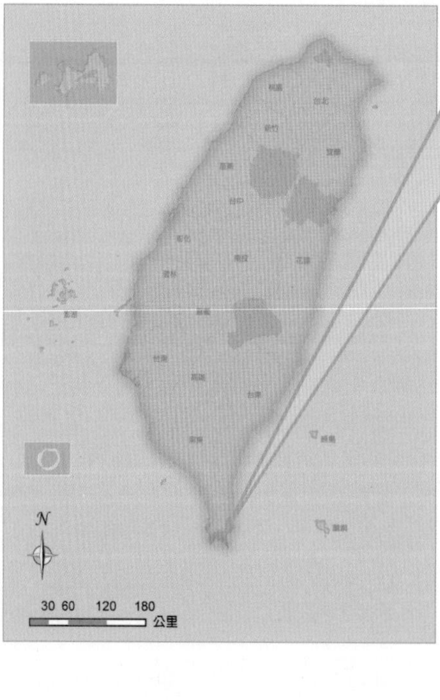

溫暖而深邃的海洋，孕育了「滄海桑田」美麗的傳說。由於百萬年來的地殼運動，使陸地與海洋深入交融，造就本區奇特的地理景觀，海面下的世界更是絢麗繽紛。種類繁多的魚種悠游在多采多姿的珊瑚裡，已成了潛游者最熟悉、最嚮往的海底風景。排灣族人和墾丁漁人，以及移墾而來的漢人，在這兒生存繁衍，創造出獨特而豐富的海洋文化，寫下了這個海角半島充滿了生命力的歷史。

墾丁國家公園成立於民國七十三年一月，是我國第一座國家公園，位於恆春半島南部，面積共三萬三千二百多公頃，涵蓋陸域與海域。三面環海，東臨太平洋，南向巴士海峽，西鄰台灣海峽，北接恆春縱谷平原，南北長約二十四公里，東西寬約二十四公里，是一座山海景觀兼具的國家公園。

從空中鳥瞰，墾丁國家公園是個陸地與海洋共生並存的美麗空間、一座蘊藏豐富的大自然生態博物館、候鳥過境度冬的樂園，也是一間融合古今歷史演變的人文教室。這裡有台灣僅見的熱帶森林，有嶙峋粗獷的珊瑚礁岩，有地殼運動將海底抬升爲陸地的刻痕，以及史前時代的人文遺跡，見證了一則「滄海桑田」的美麗傳說。

溫暖而深邃的海洋，孕育了這則美麗的傳說。由於百萬年來的地殼運動，使陸地與海洋深入交融，造就本區奇特的地理景觀，海面下的世界更是絢麗繽紛。種類繁多的魚種優游在多采多姿的珊瑚裡，已成了潛游者最熟悉、最嚮往的海底風景。而今珊瑚的後代仍在海洋裡生息繁茂，守護著成群魚蝦蟹貝。自天地開創、人類誕生以來，即陪伴著史前人類、晚近的排灣族人和墾丁漁人，以及移墾而來的漢人，在這兒生存繁衍，創造出獨特而豐富的海洋文化，寫下了這個海角半島充滿了生命力的歷史。

生態方面，熱帶氣候孕育出繁富的熱帶及海濱植物。秋冬眾多的過境候鳥，使這兒成爲著名的賞鳥樂園。此外，多處史前遺跡與原住民文化遺址，也是本區無價的人文資產。而變化多端的海岸線，更是國人最愛的旅遊勝地。晚近舉辦的「春天吶喊」海灘音樂會，以及賣座電影《海角七號》，更吸引了成千上萬的遊客，蜂擁來到這兒尋找台灣的生命力。

車城，恆春半島的門戶

沿著台二十六線公路一路往南，過了楓港之後，從車窗往外眺望，右邊是台灣海峽一望無垠的海域，海水是湛藍的。另一邊則是中央山脈綿延起伏的山巒，一片翠綠。公路筆直地緊貼著海岸，穿過恆春縱谷，直抵鵝鑾鼻。晴朗的日子，海面上會有朵朵浮雲，隨著溫暖的南風徐徐地飄動，飄過中央山脈的稜線。

不久公路的盡頭就會出現一個斗笠狀的小山丘，那就是尖山，當地人又稱爲斗笠山。它是恆春半島的地標，看到它便意味著要進入墾丁國家公園了。早年恆春地處邊陲，交通不便，到此開墾落戶的墾民若有親友來訪，都會到此迎接客人；客人要離去時，主人也會送到這兒，主人殷切的情誼表露無遺，見證了彼時墾民離鄉背井、出外打拚的辛酸與對故人相聚的珍惜。

過了尖山，出現在眼前的第一個城鎮便是車城。它位於四重溪沖積平原上，土地肥沃，農林產豐富，不但是中央山脈進入恆春縱谷的重要門戶，也是農林產的集散地。因此開發甚早，當地墾民曾以牛車圍城，防禦原住民的襲擊，後來便稱此地為「車城」。明末國姓爺鄭成功曾屯兵於此。清乾隆年間，清兵在此以木柴圍築城堡，後人又稱此地為「柴城」。

車城以種植洋蔥而著名，是台灣最大的洋蔥種植區。每年秋末，落山風吹起時，蔥農便開始播種栽植。在落山風強勁的風力吹襲下，使蔥株傾倒、抑制莖葉生長，而使結球碩大；同時風大、濕度低、病害少，因此蔥球長得特別結實，味道也更濃，品質特佳。不但供應國內市場，還外銷到日本等國外市場，可說是車城最具經濟價值的農產品。車城農會為此還特別在四樓設置了「洋蔥文化館」，展示洋蔥的栽培史和對車城經濟發展的貢獻。

說到落山風，可說是恆春半島天氣上的一大特色。每年冬天，強勁的東北季風開始發威時，西部平原因有中央山脈阻擋，風勢大為減弱，威力便不那麼強大。可是南台灣便沒這麼幸運了，尤其是楓港、車城一帶，因為中央山脈的高度已降到一千公尺以下，東北季風可以越山而過，直撲恆春縱谷，威力驚人，有時大到車輛都會被吹翻，造成當地居民生活上的不便，恆春半島上的人稱之為「落山風」。而枋山以南的恆春半島就是落山風吹襲的區域，也因受強風的吹襲盛產洋蔥，廣受市場歡迎。

作品名稱／夏日戲浪　攝影／楊俊生　拍攝地點／屏東縣恆春鎮

車城有一著名的觀光旅遊景點，那就是位於城西的福安宮，廟堂雄偉，雕梁畫棟，金碧輝煌，堪稱全台灣最大的土地公廟。尤有甚者，大殿上所供奉的土地公神像穿的是龍袍，而不是一般的員外服飾，更令人嘖嘖稱奇。據傳龍袍是清朝乾隆皇帝所賜，眞假如何，如今恐怕已難以考究。倒是廟方保存良好的古匾、勒石的筆跡和落款人的名字猶清晰可辨，可供遊客參觀。

三百多年來，福安宮一直是當地居民信仰及聚會的中心，廟址不斷改建擴充，廟廓巍峨，晚近已成了車城的地標。每逢週末假日，來自全台各地的香客不絕於途，遊覽車大排長龍，就可見其盛況。每年農曆八月十五日福德正神誕辰，更是地方上一年一度的盛事，除了各種祭祀的場面，迎神賽會的陣頭活動之外，還會在廟埕舉辦恆春歌謠比賽，老聲新調，同台競技，吸引了成千上萬的遊客到此觀賞，福安宮前可說是人山人海，盛況空前。

四重溪溫泉及石門古戰場

從車城沿著一九九號縣道往東北方向走，恰與四重溪平行，即可到達四重溪。原本小小的聚落，卻因地底冒出來的溫泉，而發展成著名的溫泉度假區。四重溪溫泉源出周遭的山麓，屬於無色、無味、水質透明的鹼性泉。因具有碳酸氫鈉的成份，除了促進血液循環外，對風濕、皮膚過敏還具有療效。日治時代即與關仔嶺、草山、北投，並列爲台灣四大溫泉區。因此小街和溪谷兩側，溫泉旅館林立，有些還建在幽靜的半山腰間，處處流露出溫泉鄉的風味；其中最著名的便是歷史悠久的「清泉山莊」。

日治昭和年間，日本天皇之弟與新婚妻子來台度蜜月，曾在四重溪停留，清泉山莊特別爲這對新人興建了一棟洋房和浴室，整座浴池用檜木及大理石建成，目前依然存在，且開放供一般遊客使用。此外，還有一些公共浴室，雖然簡樸，卻更具溫泉鄉的風味，也廣受當地人和外地遊客喜愛。

沿著一九九號縣道繼續往東北方向走，逐漸進入空曠而荒涼的峽谷，石門古戰場即位於兩座山壁聳峙的谷地。由於人煙稀疏，雜草叢生，若逢上落山風吹起的季節，更增添了一股蕭瑟的氣氛，令人恍如置身昔日的戰場。入口處豎立著一塊石碑，上書「石門古戰場碑誌」，不錯，這兒正是歷史上清廷與日本爆發戰爭的現場。

清同治十年（西元一八七一年），琉球宮古島民六十九人在航行中遇到暴風，迷失方向，被海浪沖到恆春海岸的八瑤灣口，因觸礁而沉沒。有三人淹死，五十四人被高士佛社的原住民殺害，其餘十二人被救。日本當時即甚爲不滿，但憚於清廷威力，暫時隱忍而沒有採取報復行動。直到明治維新後，因國力日強，不再把清廷放在眼裡。三年之後，便以琉球為其藩鎮，出兵攻打台灣。

日軍由西鄉從道中將率領，在車城鄉射寮村登陸後，兵分二路，一路進攻山谷，另一路由車城鄉民當嚮導，自後山包抄。牡丹社的原住民居高臨下，仗著石門天險奮力抵抗，原本還能抵擋日軍的攻勢。卻沒料到另一支日軍從石門後山展開突襲。原住民腹背受敵，終於潰敗，被殲滅殆盡，史稱「石門之役」。

石門潰敗之後，日軍趁勝追擊，揮軍進入牡丹社。西鄉手下毫不留情，對村民展開大屠殺。牡丹社人畜悉遭殺害，幾成一片廢墟。但日軍的傷亡亦十分慘重，時值六月，日軍不堪溽暑，水土不服，加上戰事延宕，師老兵疲，瘧疾橫行，半年後撤退時，原本的三千精兵只剩下五百多人，其中多半為病死。

如今的石門古戰場尚留二座石碑，一為昭和十年（西元一九三五年）日人為紀念明治七年的征蕃之役（牡丹社事件），將石門戰蹟指定為史蹟，並於翌年三月在此興建「西鄉都督遺蹟紀念碑」，以表彰勝利；戰後，屏東縣首任縣長張山鐘，以日本之碑有辱國風，將碑文改題「澄清海宇還我河山」。另一石碑則是「征蕃役戰死病歿忠魂碑」，為紀念此次戰役中戰死、病歿的亡魂。

牡丹社事件後，清廷有感於東南海防空洞，外力威脅日漸嚴重，為加強海防，便在瑯嶠設縣築城，並改名爲「恆春城」，這就是今天的恆春的由來。當時的恆春縣治還包括今日的枋山、楓港、車城、墾丁、滿州、牡丹一帶，地位十分重要。

恆春古城思想起

離開車城，沿著台二十六線道繼續南行，恆春縱谷的地形益趨明顯。夾在中央山脈與西台地之間，它的地形開闊而平坦，自古以來即是政治、經濟與文化的中心。中央山脈來到這兒已成了餘脈，只剩下丘陵與台地，連海拔最高的里龍山，也只有一千餘公尺。

最特別的是在中央山脈的邊緣，矗立著一座座的獨立山塊，由北而南，分別是虎頭山、三台山、大尖山、大圓山及青蛙石。與中央山脈相較，它們不是連綿不絕，而是各自獨立，形狀相當突出，彷彿從外地飛來的巨大岩塊，所以也有人稱它們爲「外來岩」；其中最著名的便是墾丁國家公園的地標——大尖山。

而恆春，即位於恆春縱谷北端最精華的地區，古名「瑯嶠」，是從排灣族語「Longkiauw」音譯而來，其意爲「蘭花」（或有其他如鯊魚、琉球或銀合歡的說法）。清同治年間，即有漢人來此開墾。清光緒三年（西元一八七七年），招撫局從潮州召募了一批壯丁到此墾荒，爲紀念這段蓽路藍縷的歷史，所以取名「墾丁」。

「牡丹社事件」後，清廷命海軍提督沈葆楨渡海來台，籌辦海防事宜，並應他奏請，在台灣最南端的瑯嶠設縣築城，一來可以加強海防，二來趁機劃分漢人與原住民的活動範圍。光緒元年（西元一八七五年），沈葆楨將「瑯嶠」改名爲「恆春」，並正式建城，取其氣候溫和、四季如春之意。設有東、西、南、北四座城門，上有砲台，牆外設有城壕，整體結構以軍事防禦爲主，與台灣其他城池大不相同。

一百三十多年來，恆春古城歷經天災人禍的摧殘，以及都市計畫的變更，規模及外觀已大不如前，而顯得老邁斑駁。部分的城牆雖已坍塌，但四座城門目前都還存在，且不失雄偉，是全台保存得最完整的古城，已被列爲國定古蹟，前來瞻仰、參觀或考古、調查的民眾絡繹不絕，顯見古蹟的風華依舊，仍可令人憑弔過往的輝煌歲月。

四座城門歷經多次整修與變更，也各有不同的命運和面貌。改變最大的要數南門。由於都市發展和交通建設的需要，南門已成爲恆春鎮的圓環，是交通最繁忙的樞紐，進出城的車輛都得繞經此地。修復後的門樓大致仍維持舊觀，但已沒有樓梯可以登樓。東門的城樓雖經修復，但仍不敵歲月催蝕而頹圮；其他如雉堞、砲台等也在，還可以攀登門樓，在城牆上漫步、遠眺，遙想當年情境，最能令人發思古之幽情。

北門是建城之初的正門，城樓早已傾頹，因離市中心較遠，也最為冷清，如今只剩下車輛通行的通道。至於西門和北門的情況相似，門樓早已破壞，只剩雉堞和門洞，供車輛通行。幸好位居恆春繁華的商圈，商家林立，熱鬧非凡。去年賣座的電影《海角七號》曾在這兒取景，女主角搭乘的小巴士卡在門洞，無法通過，下車大發脾氣。電影熱賣之後，意外地帶動觀光人潮，一度成為追星族獵取鏡頭的焦點。

西門前端的中山路一帶，是恆春的舊聚落，老舊的房舍和傳統的店面，流露著濃濃的古早味。這兒有舊市場、小吃店，和林林總總的攤販，其中又以檳榔攤最多。恆春一帶盛產檳榔，人們也喜歡嚼檳榔，因此檳榔與他們的日常生活息息相關。店家門前都擺著一大簍的「菁仔」，或曝曬成乾的「乾仔」，還有一堆堆的荖葉和石灰泥，隨時等待顧客上門，純樸的「恆春阿嬤」硬是把其他鄉鎮街頭的「檳榔西施」給比了下去。

舊聚落縱橫交錯的巷閭間，低矮的屋簷或樹蔭底下，不時可以看到老人家抱著月琴，以沙啞而略帶蒼涼的聲音，詠嘆恆春調，訴說著他們對故鄉的懷念。早年的墾民翻山越嶺來到恆春半島開墾，過著與世隔絕的生活，夜晚人靜時常哼著家鄉的小調，來抒發思鄉之情，逐漸發展出當地獨特的「恆春調」。

恆春調中最有名的要屬「思想起」、「四季春」、「五孔小調」等小調。「思

作品名稱／大地奇岩　攝影／楊雲宗　拍攝地點／屏東縣恆春鎮

想起」是以一種曲調爲主，由演唱者隨興配上歌詞，用來詠物勸世、敘事言情，隨著音韻改變高低音，曲折起伏，十分委婉動聽。民國五十年代，台灣興起一股懷舊風，學者在採集各地民謠的過程中，發現了恆春的走唱者陳達，一把月琴，一曲「思想起」，唱紅了恆春調，而被音樂界視爲國寶。餘音嬝嬝，傳唱不絕，如今已成了恆春地區最具地方風味的音樂了。

龍鑾潭與瓊麻展示館

離開恆春，沿著台二十六線道繼續往南行，沒多久就到達龍鑾潭。假如是九月，天空中就會出現北方遷徙南來的水鳥，十一月到翌年三月，龍鑾潭上密密麻麻的都是各種雁鴨的身影，正是恆春半島賞鳥的季節。

龍鑾潭的水域遼闊，波光瀲灩，東岸及南岸的停車場，以及四岸的自然中心，都是賞鳥的好地方。潭面上常看到的有澤鳧、小水鴨、尖尾鴨、鷺鷥等。水草密布的草澤區，是翠鳥、紅冠水雉、鷺鷥等喜歡覓食、棲息的地方。至於草地或灌叢裡，更可看到小雲雀、牛背鷺、斑文鳥、樹鵲、烏頭翁、五色鳥等。此起彼落，在天空中自在地飛翔，看到潭裡的小魚出現時，也會對準牠們的獵物，迅速地俯衝下去。種種形色、動作，把龍鑾潭的冬天點綴得好不熱鬧。

不只龍鑾潭，整個恆春半島其實都是候鳥的樂園，一方面因位在台灣的最南端，氣候溫暖；另一方面並擁有森林、湖泊的蔽障，成爲許多候鳥過境、度冬的棲息處。每年秋天赤腹鷹及灰面鵟大批集結過境時，都吸引數以萬計的遊客湧入，成爲年度的賞鳥盛會。

其他如鷺鷥、伯勞、雁鴨也都爲數可觀，隨著季節的風向南遷北移。墾丁國家公園成立初期，保育風氣未開，居民曾經大量獵捕過境的伯勞及猛禽，然而在國家公園嚴格的取締及柔性勸導下，區內候鳥已受到嚴密保護。區域性的留鳥也具有相當特色，特有種鳥頭翁以及台灣畫眉，保育類如大冠鷲、鳳頭蒼鷹等，都普遍可見。

位於龍鑾潭西南方不遠處，還有一座瓊麻工業歷史展示區，向世人展示曾經創造恆春經濟奇蹟的瓊麻。它與洋蔥、港口茶，曾合稱爲「恆春三寶」，不但爲當地創造了龐大的就業市場，也爲恆春的經濟發展奠下了深厚的基礎。如今雖已沒落，但它從墨西哥引進在恆春地區種植，已有近百年的歷史，早年的恆春人都曾目睹當年的盛況。

明治三十四年（西元一九〇一年），美國將瓊麻的幼苗送給台灣總督府，殖產局將它種植於台北的農事試驗所，這是瓊麻首次引進台灣。翌年日本技師田中安定將幼苗移植到恆春，由於生長良好，大正二年（西元一九一三年），台灣纖維株式會社成立「恆春麻場」，引進採纖機器，開始大規模的生產瓊麻。二十年後增設製繩工廠，生產繩索，由於繩索的用途日增，台灣的瓊麻工業才逐漸發展起來。

台灣光復後，麻繩大量銷往日本，麻絲價格高漲，瓊麻工業自此蓬勃地發展，恆春居民紛紛改種瓊麻；沒有地的人也去砍伐海岸林，盲目地跟著別人種，因此種植的面積高居全省之冠，許多居民因此一夜致富。可是到了民國六十年間，尼龍繩逐漸取代麻繩，瓊麻的價格一落千丈，恆春麻場撐不下去，便在民國七十二年關廠，結束營業。瓊麻工業也由極盛而衰，快速地沒落，最後終於走進了歷史。

墾丁國家公園成立後，利用恆春麻場殘留下來的機器設備，規劃了瓊麻工業歷史展示區，展出恆春瓊麻工業發展的文獻資料，並有採纖、製繩機具的展示室，於民國八十四年開放供遊客參觀。裡頭尚有當年設立的曬麻場、鐵軌、倉庫及宿舍，如今只剩下殘壁廢墟，雜草叢生，剝落的紅磚牆上爬滿了蘚苔，向來訪的遊客訴說恆春一頁製麻的滄桑史。

南灣的牧野風光

離開瓊麻工業歷史展示區和龍鑾潭，沿著台二十六線道繼續往南行，沒多久就到了南灣，古稱「大板埒」，是台灣捕鯨業的發源地，日治時代曾在這兒興建加工廠及碼頭，處理捕獲的鯨魚，台灣光復後才改稱南灣，如今已成了恆春半島最熱門的旅遊景點。

這是一個圓弧形的海灣，兩邊的海岸線各自往外延伸，往右可看到貓鼻頭，往左可看到鵝鑾鼻，二者合抱成一個二十公里長的大海灣。沿岸除了有海水浴場、潔白的沙灘，墾丁國家公園遊客中心外，還有青蛙石、船帆石，以及大尖山等外來石合組成的地標。遊客可以在這兒游泳、浮潛、戲水、沙浴、日光浴，玩沙灘排球，所有好玩的戲水活動，盡在其中，是個度假休憩的人間天堂。

往陸地上望去，坡度平緩的石灰岩台地上，綠草如茵，一片翠綠，三五牛羊馬匹，各自成群，悠閒地在上面漫步、吃草。藍天白雲之下，這幅牧野風光，一直是墾丁國家公園最美麗的風景。

再往上去，可看到鬱鬱青青的熱帶植物和迷宮般的礁石森林。最醒目的便是「大尖山」，標高三百一十八公尺，並不算高，但因位於平緩的山坡地上，孤岩拔起，形勢非常突兀險峻，恆春半島上的許多地方都可看到它巍峨的身影。日治時代便在這兒開闢了牧場，成立「恆春種畜支所」，目前則屬於畜產試驗所恆春分所，更高處的台地則設置熱帶植物園。

台灣光復，將熱帶植物園改建為墾丁森林遊樂區，墾丁國家公園成立後，全部將它們納入管轄的範圍。晚近新蓋的五星級飯店、旅館、個性餐廳、咖啡廳及夜店，也都蝟集於此。每到週末晚上，墾丁大街上燈光如晝，遊人如織，年輕人成群湧進服飾店和禮品店裡，通宵達旦，盡情玩樂，所謂的「恆春一條街」，彷如不夜之城，使得南灣更具魅力，熱鬧繁華。

珊瑚礁海岸生態景觀

恆春半島三面環海，絕大多數都是珊瑚礁海岸，因此珊瑚礁已成了恆春半島最鮮明的意象。它分布的範圍北起四重溪河口，向南延伸到東海岸的港口溪河口，南灣海岸常可看到它們的蹤影。

幾十萬年來，恆春半島海域的珊瑚礁不斷地生長，伴隨著地殼的抬升作用，陸續露出海面，成為陸地的一部分。從海底的珊瑚礁，到海岸的隆起珊瑚礁，再到陸地的石灰岩台地，使這兒成為台灣最完整而豐富的珊瑚礁地形。溫暖潔淨的墾丁海域，造就了珊瑚與珊瑚礁豐饒的生態系，各式各樣的海底生物在此生活、覓食、求偶、孕育，造就了海底多彩多姿的生態景觀，是潛游者或海底生態攝影者的最愛。無怪乎南灣水域一年四季，總有穿戴整齊的潛水客在那兒出沒。

南灣東南側有一大片隆起的珊瑚礁海岸，有相當廣闊的潮間帶，海水退潮時，嶙峋的珊瑚礁上便會露出大大小小的坑洞，各式各樣的潮間帶生物就在其間繁殖、生長。比較常見的有海蟑螂、寄居蟹、螃蟹、海膽、小魚、蝦、螺、海參及海藻等。常可看到大人帶著小孩，在退潮後的海灘或潮間帶撿拾貝殼或寄居蟹，流露著濃郁的親情，已成了南灣沿岸另一類常見的風景。

墾丁國家公園海岸線綿延約七十公里，受到地殼隆起、下沉、皺摺、崩落及海流、潮汐、風化影響，形成多樣的瑰麗地貌，較著名的海岸地形有沙灘海岸、裙礁海岸、岩石海岸、崩崖，充滿了粗獷與原始之美。位於南灣西南側頂端的貓鼻頭，是這種海岸地形最典型的代表。

貓鼻頭位於岬角的尖端，好像一隻蹲在海上的巨貓，凝視著遠方的海域。在它的腳下，海水已將石灰岩層侵蝕出陡直的懸崖，站在上面，可以俯瞰巴士海峽浩瀚的海洋，景色殊為壯闊，因此被列為「恆春八景」之一，貓巖峙海，已成了遊客必定登臨

作品名稱／戲水　攝影／賴南光　拍攝地點／屏東縣恆春鎮

之地。

除了變化多端的海岸地形外，陸域的地形景觀也十分多樣，如珊瑚礁石灰岩台地、孤立山峰、山間盆地、河口湖泊等等，具體而微又細緻豐富，是墾丁國家公園最迷人的地方，這些景觀不僅記錄了恆春半島隆起、下沉的地殼運動史，也構成一幅幅美麗的風景。

總體而言，墾丁國家公園周遭的海域，由於受到黑潮暖流影響，水質清澈、水溫適宜，孕育了豐富的海洋資源，發現的魚類多達一千餘種，約占世界種類總數的五分之一。而珊瑚則是墾丁海洋生態系的主角，提供許多魚、蝦、蟹、貝類等生物重要的棲息環境；光是石珊瑚種類就超過二百五十種，加上其他形形色色的軟珊瑚，爭妍鬥豔的洄游魚群，以及數量龐大的各種藻類、螺貝類、節肢動物、軟體動物、固著動物等，隨著潮進潮退的節奏，勾畫出一個繽紛的海底世界，組成了一個絢麗耀目的潮間帶生態系，可說是上天賦予墾丁國家公園最珍貴的海底寶藏。

墾丁森林遊樂區

墾丁國家公園屬於熱帶性氣候，夏季漫長，深受季風影響，特別是十月到隔年三月東北季風在地形的效應下，所形成的強勁的「落山風」。特殊的氣候滋生了豐富的森林林相，使得熱帶林及季風林特別發達，植物種類眾多。

從船帆石到香蕉灣一帶，分布著台灣本島唯一的熱帶海岸林，特殊的植物種類如棋盤腳、蓮葉桐、瓊崖海棠等等。離開海岸往山邊走去，熱帶林相加上高位珊瑚礁，型塑出墾丁特有的珊瑚礁原始林，以及蒼鬱、幽密的熱帶森林風味，給人完全不一樣的感受。

明治三十九年（西元一九〇六年），日人為了研究熱帶植物在醫學和經濟上的用途，在此引進了許多熱帶植物，並成立「恆春熱帶植物殖育場」，開始從事熱帶植物的研究。台灣光復後，改名為「恆春熱帶植物園」，由於頗具規模，曾名列世界十大熱帶植物園。民國五十七年，劃出其中一部分，成為「墾丁森林遊樂區」，交由林務局管理。

墾丁森林遊樂區是港口溪以南最大的森林區域，保留了大片原始的高位珊瑚礁植

作品名稱／行雲流水　攝影／陳一文　拍攝地點／屏東縣鵝鑾鼻

物群，以及大量的石灰岩溶洞。園區內古木參天，藤木交錯，蓊鬱濃密的樹蔭遮天蔽地，遊客蜿蜒穿梭於珊瑚礁岩和林木之中，不但是森林浴的絕佳場所，更是探索熱帶植物生態的祕密基地。墾丁國家公園成立之後，爲了吸引遊客，自然將它納入園區。

墾丁森林遊樂區內最神奇、最令人驚嘆的，首推石灰岩溶洞。遊樂區位處最古老的石灰岩台地上，全區珊瑚礁岩密布，厚達一百公尺以上。幾十萬年前，它們是生長在淺海的珊瑚礁，經過地殼隆起形成石灰岩台地，雨水沿著石灰岩的隙縫，不斷溶蝕而擴大成爲石灰岩溶洞。洞中還有石筍、石柱等鐘乳石，是經過幾十萬年地形的變動才形成的，可說是國家級的地形景觀。遊客進到裡頭，在陰暗的光線中穿過幽深曲折的溶洞，好似探險一般，既緊張、又刺激，看到洞裡的鐘乳石，更感到興奮和欣慰，因爲這可不是外界能看得到的。

此外，區內的珊瑚礁植物群，也是外界難得一見的植物奇觀。它還兼具熱帶雨林、熱帶季風林的獨特生態現象，分布在白榕區、棲猿崖一帶。其他的景點，如毛柿林、石筍寶穴、銀樹板根、仙洞、一線天、迷宮林、銀龍洞、茄冬巨木、觀海樓等，都是值得遊客辛苦跋涉、一一拜訪的著名景點。

園區的最高點是觀海樓，樓高二十七公尺，也是恆春半島最高的眺望點。但要徒步爬上頂端，也會氣喘吁吁，滿頭大汗。幸好頂樓設有咖啡座、望遠鏡。遊客可先坐下來喘口氣，喝杯咖啡，放眼四望，整個森林遊樂區盡在眼底。一片綠意葱蘢，令人心曠神怡；更遠處的恆春半島和蔚藍的海洋，也一覽無遺。一一對照一路走來的足跡，更有一份成就滿足之感。畢竟走完一趟墾丁國家公園，就像翻閱了一本台灣自然生態的百科全書，已可滿載而歸了。

社頂公園特別景觀區

社頂自然公園是墾丁國家公園最豐富的自然觀察區，擁有變化多端的地形景觀和生物多樣性的環境，尤其是蝴蝶，堪稱是賞蝶的勝地。社頂台地為石灰岩質，原本是淺底堆積的珊瑚礁，經過地殼的推升作用才變成兩百公尺高的台地。過去曾是放牧牛羊的牧場，因此擁有開闊的草地，適合蜜源植物生長，吸引了許多蝴蝶在此飛舞，可以觀察豐富的蝴蝶生態。

從步道的起點到湧泉，有一條賞蝶走廊，是觀賞蝴蝶的最佳地點。賞蝶的旺季是春天，尤其是晴朗的上午及黃昏，是蝴蝶活動的高峰期，蝴蝶走廊二側長了許多蜜源植物，像馬纓丹、長穗木等，可吸引多達五十種的蝴蝶，最常看到的有大白斑蝶、玉帶鳳蝶，在這兒翩翩起舞。

作品名稱／海角樂園　攝影／林君達　拍攝地點／屏東縣恒春鎮社頂公園

社頂自然公園十分平坦開闊，由於風勢較弱，植物生長得比較茂密。公園的步道呈東西走向，沿著步道一路前進，著名的景點有：小峽谷、迎風門、白榕、大峽谷、大草原、林投走廊、涵碧亭、凌霄亭等。有伏流、珊瑚礁、峽谷、草原、灌木林及亭台樓閣等各種不同的地景及設施，非常適合散步遠眺。

生態保護區

墾丁國家公園目前劃設有陸域生態保育區五處，分別爲香蕉灣、南仁山、砂島、龍坑及社頂高位珊瑚礁；海域生態保育區四處，位於西側與南側海域，這些生態區保留著原始環境，也顯現國家公園的保育決心與成果。

香蕉灣海岸林位在船帆石右下方，是台灣海拔最低的海岸林，也是僅存的天然海岸林。海岸林的原意即是漂流林，樹種都是遠從南洋漂流過來的，十分珍貴，因此在這兒劃爲生態保護區。清末以前，從南灣到鵝鑾鼻沿岸，長滿了濃密的海岸林，在瓊麻工業鼎盛時期，居民大量砍伐海岸林改種瓊麻，使得海岸林的面積消失殆半。昭和八年（西元一九三三年），將這兒列入保護區，才使得這片海岸林得以保留至今。

龍磐與龍坑生態保護區，都屬珊瑚礁及石灰岩地形，也都以崩崖的嶙峋地貌著稱。在大自然長期雕塑下，形成特殊的地形景觀與植物分布。加上人跡罕至，提供動植物及爬蟲類滋養生長的環境，因而被列入生態保護區。

比較值得一提的是南仁山生態保護區，它位於滿州鄉東北處，是一山間盆地地形，四周有山巒環繞，面積廣達五千多公頃，植物超過一千二百種，棲息其間的動物更是不計其數，可說是墾丁國家公園最精華的地區，所以被列爲生態保護區；也是賞鷹最好的地方。

灰面鵟鷹又稱爲「灰面鷲」，每年十月十日前後，都會順著東北季風的氣流成群南下，彷彿要趕來參加我們的國慶，所以又有「國慶鳥」之稱。牠們過境的時間約十來日，大多棲身在滿州鄉一帶的山林，數量最多時曾達一萬多隻。因此國慶日前後到滿州鄉賞鷹，已成了國內外賞鳥者一年一度的盛事，滿州鄉也因此名聞遐邇，成了賞鳥者朝聖的聖地。

鵝鑾鼻公園

鵝鑾鼻公園位於恆春半島的最南端，台二十六線道一路南下來到這兒，可說是山窮水盡疑無路；但這兒並非終點，它在這兒急轉彎後，繼續北上通往佳樂水。柳暗花

作品名稱／鵝鑾鼻燈塔之美　攝影／廖福麟　拍攝地點／墾丁

明又一村，鵝鑾鼻公園的人文生態之美，才要正式展開。主要包括三個歷史景點，分別是燈塔、礁林公園與史前遺址。

鵝鑾鼻燈塔不只是恆春半島最醒目的地標，一身潔白耀眼的身影，也曾被日人列爲台灣八景之一，名聞全台。它的光力爲台灣所有燈塔之冠，而享有「東亞之光」的令譽；而且也是全世界少有的武裝燈塔。集所有的美譽於一身，它的存在就是台灣的榮耀，代表了一段輝煌的歷史。

鵝鑾鼻燈塔建於清光緒八年（西元一八八二年），是台灣本島最早的燈塔。建塔的背後有一段清廷、美、日與原住民之間曲折而複雜的歷史。經過長達八年的外交往來，清廷在美國的壓力下，才以一百銀元向龜仔角社的原住民買下燈塔的預定地。往後七年，在建塔的過程中也是時有紛爭，兵戎相向。基於安全與防衛的理由，燈塔的基座形同堡壘，塔身是砲台，圍牆上設槍眼，四周挖土壕，完工後還配有士兵守衛。直到今天，鵝鑾鼻燈塔還是世界上少有的一座武裝燈塔。

歷經日人治台、台灣光復等重大歷史事件，鵝鑾鼻燈塔守護南太平洋的航道已超過一個世紀，二次世界大戰期間，燈塔雖曾遭美軍轟炸幾成廢墟，如今二十公尺高的潔白圓柱形塔身，依然矗立在鵝鑾鼻海岸，以一百八十萬燭光的強烈光束，爲過往的船隻指引方向，不愧「東亞之光」的美譽，且贏得了世人的讚賞。

鵝鑾鼻燈塔底下，珊瑚礁石林立，所以又有「礁林公園」之稱，裡頭濃蔭蔽天，樹藤纏繞，蜿蜒的步道兩側礁石岩壁聳峙。最特別的是有些植物生長在乾旱的礁岩上，這些礁岩植物具有十分強韌的生命力，能在少有土壤、水分的礁岩上生長出來，實屬難能可貴。公園南側外圍，有一條海濱棧道，漫步其上，可觀賞珊瑚礁上叢生的海濱植物；有些與海潮線平行，有些向內陸層層分布，海濱生態殊異，可一覽無遺。

史前遺址

恆春半島內已發現的史前遺址有七十處，其中最具代表性的就是墾丁史前遺址與鵝鑾鼻史前遺址。墾丁遺址位於大尖山下的石牛溪東畔，距今四千五百年歷史，出土的遺物包括新石器時代的細繩紋陶器和稻米，證明這群史前住民過著聚落生活，已會使用簡單的工具，製作陶器，懂得耕作、漁撈、採貝等經濟活動。根據人類學家推測，這批史前住民可能從中國大陸東南沿海遷移而來，可說是恆春半島上最早的住民。

鵝鑾鼻遺址則位於鵝鑾鼻燈塔西北面緩坡上，名為「又一村」的遺址上共發現四層文化相，其中最下層的文化相距今約六千五百年歷史，這是恆春半島最古老的人類

作品名稱／夜空下的船帆石　攝影／陳治平　拍攝地點／屏東縣恆春鎮船帆石

活動遺跡。這批史前居民聚居在珊瑚礁岩頂上或岩蔭下，已出土的遺物包括石器、骨器，以及爲數眾多的動物遺骸、貝殼等，顯示他們已懂得漁撈，而且技術上可以出海捕魚了。由於經濟活動的範圍擴大，人數和人口的密度也增加了。

到了二千五百年前，港口溪流域與滿州鄉的叢林內，出現了另一群文化背景不太一樣的史前居民。他們居住在河谷和丘陵地上，遠離海邊，幾乎不從事海上的活動。進入史前一千五百年後，台灣的史前居民已經能夠製作鐵器了，這是人類文明的一大進步。當時聚居在港口溪下游的住民，已熟悉了陸上的生活，不但用鐵器從事農耕，還從事雕刻的工作。龜山遺址出土的遺物中，有成堆的哺乳類動物骨骼和各種紋飾的陶片，可以看出他們在生活上已講究創意和藝術了。

排灣族的社群組織與宗教信仰

恆春半島的原住民以排灣族人爲主，從事山地旱田農業；另有阿美族人，居住在海岸及平原一帶，以漁獵爲生。後來還有平埔族的西拉雅馬卡道人移入，不過與排灣族相較，都屬少數民族，重要性也遠不如他們。

排灣族主要分布在中央山脈末端東西二側，海拔五百至一千三百公尺間的山地，是恆春半島上最大的原住民族群，時間約在一千五百年前，目前主要分布在牡丹鄉和滿州鄉。石板屋是他們傳統的住屋，恆春半島東部的山區，不久前還發現了十多處的石板屋聚落，雖然大部分的房舍已經倒塌，但整個村落的格局和空間仍可辨識，和排灣族的文化十分密切，據專家研判應是排灣族人住過的村落。

早期的排灣族是由頭目、貴族、勇士、平民四個階級組成的封建社會，家族由長嗣（長男或長女）承繼，家庭制度建立在長嗣繼承與土地制度上，也就是由長嗣繼承父母的家庭與財產，其餘子女則須離開自己出生的家庭，在外建立新家，或到配偶的家裡去經營家庭生活。

在政治制度上，頭目是部族之長，擁有大批土地，包含了農田、住宅、河流與山林，一般人爲了生活，必須附屬於頭目之下，成爲他的屬民，而由頭目提供他們生活所需。屬民要耕種頭目的土地，相對的，頭目也要保護屬民的生命財產安全；如果屬民無法接受頭目的領導，他就必須冒著生命的危險逃亡，直到找到新的頭目來保護他，確定了另一種新的頭目與屬民關係，他的生活才能安定下來，這就是排灣族最著名的頭目制。

在宗教信仰上，排灣族採取的是超自然與多神祇的信仰。宇宙萬物有造物主，河流、山川也各有管理的神祇，連家屋也有各自的守護神；但排灣族人最相信的卻是祖靈。貴族將祖靈信仰與家族起源傳說表現在家中的雕柱，平民則表現在衣飾的織紋與刺繡。所以貴族的家庭對傳統的梁柱木雕、陶壺雕塑，都非常講究，並以百步蛇紋及人頭紋象徵他們的崇高地位。

傳統祭儀與藝術文化

在平民的衣飾方面，排灣族的服飾在原住民當中堪稱最爲華麗典雅，早期以繁複的夾織廣爲收藏家喜愛。近年來以刺繡的豐富圖象，表現出族人在刺繡藝術方面的天分，圖案大多爲祖靈像、人頭紋、百步蛇紋、太陽紋。排灣族是個熱愛藝術的族群，也將才藝表現在日常生活當中。雕刻是族人日常的消遣，陶壺則是頭目家族權勢、財富的象徵，古琉璃珠是人人都愛的珠寶。至於籐編、竹編、月桃席的製作，精美而細膩，在部落裡隨處可見。

「五年祭」是排灣族最重要的祭典，傳說中排灣族的祖先爲了躲避荒年，將七名子女分別帶開各自謀生，並且約定每五年，長者必須手持竹子帶領全族大小回家團聚祭祖，於是有了五年祭的雛形。祭典活動的重頭戲是刺籐球，分爲二天舉行，由部落裡的成年男子參加，第一天是祈福，第二天則是卜算命運。不過演變到現在，五年祭已成爲族人慶祝團聚的活動，歡樂的氣氛遠大於原本的求神問卜、祈求好運的意義。

「人神盟約祭」也是排灣族非常盛大的祭典，原本每三年舉行一次，後來因故改爲五年舉行一次，因此也稱爲「五年祭」。傳說中排灣族的祖先到神界向女神學習祭儀、農耕及婚禮等儀式，祈求五穀豐收，社稷祥和。並與女神約定時間，燃燒小米梗請神降臨人間，接受人類的獻祭。祭典中若插竹子，就是五年一度的五年祭，必須聯合鄉內各村一起舉辦祭典。通常在每年的八月十五日舉行，用於酬謝、祈禱諸神及祖靈賜予豐收。同時舉辦狩獵、漁撈或武藝競賽，全體族人載歌載舞，宴飲數日，極盡歡樂之能事，這就是排灣族豐年祭的由來。

人間的樂土

至於漢人的遷入，則可遠溯至西元一六六二年，鄭成功率兵在車城登陸，隨即開屯墾殖，並在統埔建立營盤。日後有一部分屯兵遷往今恆春網紗一帶定居，至此恆春地區始有漢人大批遷入。並以此爲中心，逐漸向外拓墾荒地，在恆春半島奠定了移民社會的基礎。

以後歷經清領時代、日治時代，再到台灣光復，每個時代都有不同的統治者，也有不同的政策和治理的方法。恆春半島有建設，也有破壞，在時代的蛻變中，展現了不同的風貌，也留下了許多歷史遺跡。文明的腳步，就是沿著前人走過的足跡，一步一腳印，逐漸在這偏遠的海隅發展出來的。

原住民、漢族，乃至日治時代的大和民族，爲了各自不同的目的和命運，先後遷移來此，爲了生存和生活，一齊在這兒努力奮鬥，爲恆春半島帶來了蓬勃的生機，並因族群的交流與融合，豐富了文化的內涵。歷經三百五十年的努力，終於創造了恆春半島獨特的文化與文明，那就是珍惜大自然的資源，永續經營這塊人間的樂土。而這也是墾丁國家公園成立的意義和目的。

2.

玉山國家公園

熠熠發光的石英山——

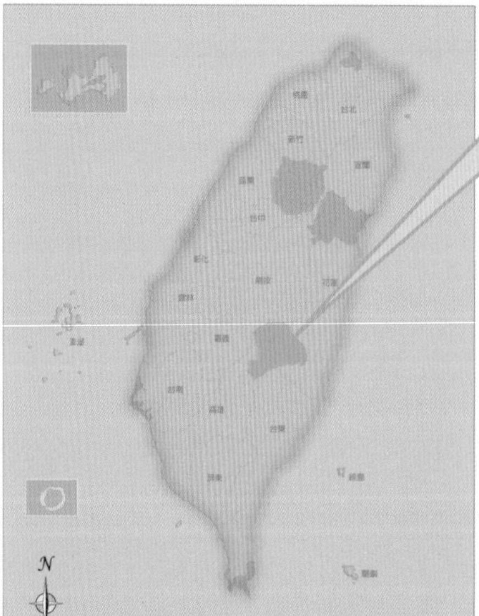

由於山高谷深，人跡罕至，玉山國家公園為台灣少數仍維持原始狀態的地區。在地質上有高山、斷崖、峭壁、峽谷等雄奇的地形，在降雨豐沛、森林繁盛的條件下，成為台灣三大水系的搖籃。此外玉山國家公園的生態，受高山深谷的極端地勢影響，形成暖、溫帶、寒帶等多種氣候型態，也造成垂直各異的植群帶，天然植被隨海拔變化，由闊葉林、針葉林到高山草原，林相次第變化，各種野生動物棲息其間，從亞熱帶到亞寒帶景觀，彷彿是個台灣的縮影。

玉山國家公園位居台灣中央地帶，面積十萬五千四百九十公頃，是台灣陸域面積最大的國家公園。區內崇山峻嶺，高峰綿延，涵蓋了全台灣三分之一的名山大川，超過三千公尺以上的百岳有三十座，包括玉山群峰、秀姑巒山、馬博拉斯山等，以東北亞最高峰、海拔三千九百五十二公尺的玉山爲首。氣勢磅礴、雄偉壯麗、奇峰俊秀，美不勝收，不愧是台灣的屋脊，爲一典型的山岳型國家公園。全區以玉山主峰爲中心，延及中央山脈南段部分山系，幅員遼闊，涵蓋南投、嘉義、高雄、花蓮四縣。東起馬利加南山，南抵關山，西至楠溪林道、北達郡大山，同時並涵蓋台灣中南東三區各大水系的源頭，與下游民生息息相關。

由於山高谷深，人跡罕至，玉山國家公園爲台灣少數仍維持原始狀態的地區。在地質上有高山、斷崖、峭壁、峽谷等雄奇的地形，在降雨豐沛、森林繁盛的條件下，成爲台灣三大水系的搖籃。此外玉山國家公園的生態，受高山深谷的極端地勢影響，園區自海拔三千九百五十二公尺的玉山主峰直落至三百公尺的拉庫拉庫溪底，形成溫帶、寒帶兩種氣候型態，也造成垂直各異的植物群帶，天然植被隨海拔變化，由闊葉林、針葉林到高山草原，林相次第變化，各種野生動物棲息其間，從亞熱帶到亞寒帶景觀，彷彿是個台灣的縮影。

園區內還有一條國定一級古蹟——八通關古道，是滿清政府開始積極經營台灣的重要里程碑，日治時期開闢的二條警備道，則爲日人在台理蕃政策下的產物，也留下了布農族原住民十八年浴血抗日的英雄史蹟。由於具備了如此豐富的自然資源與珍貴的人文史蹟，因此於民國七十四年四月成立爲玉山國家公園，成爲我國第二座的國家公園，積極進行自然與人文資產保護與經營管理的工作。

地質與岩層結構

台灣位於歐亞大陸板塊與菲律賓板塊的銜接處，地質作用頻繁。在古生代後期，是一個由沉積岩屑及沉積物所構成的地槽，受到長期的沉積、變質作用，造山運動以及陸地隆起、下沉等，形成目前複雜的地質構造。最近一次隆起是在距今約二至三百萬年前，因受到蓬萊造山運動的影響，使得台灣島陸地持續上升至今。

玉山國家公園居台灣中央，最古老的地層在中央山脈東側，爲變質岩基盤之上的南澳雜岩，這也是台灣最古老的一段地層。大南澳雜岩層約形成於一至三億年前，此處沉積了大量的火成岩、砂岩、頁岩及石灰岩，並受到造山運動的影響，發生強烈的變質作用，因而形成變質雜岩系，主要岩石有黑色片岩、綠色片岩及大理石。

台灣變質板岩系的新高群、亞變質板岩系的廬山群及亞變質板岩系的畢祿山群，都是中生代或第三紀初期的沉積地層。此時期，原爲陸地的台灣島又再度下沉，成爲第三紀地層的沉積場所。最先沉積巨厚的灰黑色頁岩、泥岩，間夾有砂岩互層。這些岩層經過變質作用，使得泥質岩層變成硬頁岩、板岩及千枚岩；砂岩則變成石英岩。

玉山國家公園中央山脈的馬博拉斯山、秀姑巒山、關山、新康山，都屬亞變質板岩系的畢祿山群，占了國家公園約二分之一的面積：八通關至中央金礦、白洋金礦，以及八通關至南營地之間，則屬亞變質板岩系之盧山群：而著名的塔塔加鞍部、玉山群峰、八通關、雲龍瀑布附近，則屬於變質板岩系的新高群。塔塔加鞍部與沙里仙溪以西地區，是國家公園最年輕的地質區，爲中新世之末變質沉積岩區，屬南莊層。主要岩性爲砂岩、深灰色頁岩或砂頁岩互層，並夾含有鐵質結核及碳質碎屑物。

玉山國家公園由於受板塊運動的影響，岩層脆弱，斷層、節理、褶皺等地質構造非常發達。變質作用促使岩石劈理、片理格外明顯，也大大降低岩層抗風化的能力，因而形成許多驚險的崩崖、斷崖地形，如大峭壁、主峰下碎石坡、主峰至八通關的荖濃三斷崖、父子斷崖、關山大斷崖等。而在南橫公路及新中橫公路兩旁的岩壁上，更可清晰的觀察到褶皺及斷層，都是觀察地質現象極佳的場所。

君臨天下的玉山群峰

玉山山塊因歐亞板塊和菲律賓板塊相擠撞而隆起，主稜脈略呈十字型，十字的交點即爲玉山主峰，海拔三千九百五十二公尺。由於高度超過日本聖山富士山，日治時代即名震東瀛，日人慕名前來登山者絡繹不絕。玉山主峰由碎裂崩解的赤褐色頁岩所構成，上半部全是裸岩，寸草不生。登頂前的風口極爲空曠開闊，左臨百丈流礫陡坡，右接大片岩石的峽谷，氣勢磅礴，巍峨崇高，眞不愧是台灣第一高峰。

東峰爲玉山東稜最高峰，標高三千九百四十公尺，岩質爲硬砂岩，三面斷崖，裸岩頂端凹陷，狀如堡壘，形勢險峻，故被列爲台灣高山十峻之首。南峰山頂尖銳，由參差的岩峰所組成，峰與峰之間又有岩溝阻絕，地形上更爲險峻，攀越不易，主脊迂迴曲折，像一條巨龍蟠臥其上，故被山友稱爲「閉鎖曲線峰」，亦爲台灣高山十峻之一。西峰林木蒼鬱，雖列名百岳，卻平易近人。北峰稜長而緩，山頂雙峰並立，有氣象局設立的玉山氣象站，爲全台灣最高的建物。除了玉山群峰之外，秀姑巒山是中央山脈第一高峰，關山傲視南台灣諸山，新康山則爲東台灣霸主。這一座座突出雲表的高山，就像眾星拱月般，圍繞著玉山四圍，將它襯托得高不可攀，也呈現山岳型國家公園的氣勢。

玉山爲台灣布農族的聖山，稱爲「東谷沙飛」，鄒族語則稱其爲「八通關」，鄒族稱呼玉山爲「石英山」，因冬季時山頭積雪反光，狀似石英玻璃般閃爍之故。對於西方而言，玉山最早在文獻上的記載，則是清咸豐七年（西元一八五七年），一艘美國商船亞歷山大號（USS Alexander）在離開當時的安平港時，船長摩里遜（W. Morrison）看到高聳的玉山，甚爲驚訝，將其記載在航海日誌中，因此有摩里遜山（Mt. Morrison）這一稱呼。

清光緒二十一年（西元一八九五年）甲午戰爭，清廷敗戰與日本簽訂了《馬關條約》，將台灣割讓給日本，使得玉山也成爲日本管轄境內。後來日人發現玉山比日本的第一高峰富士山（海拔三千七百七十六公尺）還高，由於高度超過日本聖山富士山，日據時代即名震東瀛，日人慕名前來登山者絡繹不絕。因此明治天皇在明治三十年（西元一八九七年）時，下令將玉山改名爲新高山，意指日本領土新的最高峰，並且在山頂上設立神道教寺廟。台灣光復後，中華民國政府又將新高山改回原名玉山。

民國五十五年，政府曾在玉山山頂設置了一座于右任的銅像，一度曾是台灣境內海拔最高的人工結構物，但該銅像在八十五年五月時遭人破壞。玉山國家公園管理處後來考慮特別景觀區原始性的保存與自然呈現，僅在銅像原址放置了一顆天然巨石，上刻有「玉山主峰」及「標高三千九百五十二公尺」的字樣，作爲台灣最高點的象徵。

獨特的生態環境

玉山國家公園居台灣中央地帶，海拔由拉庫拉庫溪谷的三百公尺到玉山的三千九百五十二公尺主峰，二者的差距高達三千六百公尺。由於高度極為懸殊，氣溫的變化也極大，因此垂直發展出亞熱帶到亞寒帶之間截然不同的氣候特性。海拔三千五百公尺以上地區，年均溫為攝氏五度。海拔二千五百公尺至三千五百公尺的地區，年均溫為攝氏十度。本區的年雨量為三千至四百公釐。由於山上的雨量十分充沛，一部分供植物生長吸收、蒸散或直接蒸發，一部分則透過原始森林涵養讓豐富的地下水滲匯成溪澗，由小溪變成大河。

玉山國家公園是濁水溪、高屏溪、秀姑巒溪等河流的發源地。區內有陳有蘭溪、郡大溪、楠梓仙溪、荖濃溪、拉庫拉庫溪。上游河谷多呈現狹窄的V字形狀，其中金門峒斷崖是陳有蘭溪的源頭，又為斷層經過，表現了顯著的向源侵蝕現象，是國家公園地形上的一大特色。而雲龍瀑布、乙女瀑布，則為河川上游的懸谷式瀑布，如此壯觀的地形奇景，唯有在玉山國家公園內才有可能看到。

玉山國家公園內的高山地區因地勢起伏，豐沛的雨水常滲匯於凹地，若凹地下方為密緻的不透水岩層，即匯集成高山湖泊。中央山脈的大水窟、達芬池、嘉明湖，以及南横的天池，都屬於此種性質。這些湖泊是登山者的甘泉，由於其集水區僅限於四周的高地，一旦遭受汙染即難以恢復，是相當脆弱的生態體系。

玉山國家公園內山脈起伏劇烈，高山縱谷容易被四周的低地孤立，代表著程度不一的隔離作用，因此生物多樣性豐富及特有種比例高，是高山生態的一大特色。此區面積雖僅爲台灣的三%，卻包含著半數以上原生植物，可說是一座蘊藏豐富的生物多樣性基因庫。

高山寒原與森林兩種植物群系

每個地區的植物組成與分布，受到雨量、濕度、坡向、風力等環境因素影響而異。玉山國家公園地形特殊，海拔高低差達三千六百公尺，並具峽谷、斷崖、風口等地形；氣候多變，具有暖、溫、寒三型，因此植物種類繁複，不但具有亞熱帶植被，亦可見北國的植物景象。

寒原是植物生存環境的極限，僅出現於地球高緯度或高山森林界線與雪線之間，分別稱爲極地寒原及高山寒原。高山寒原分布於玉山國家公園區內的玉山山塊，及中央山脈的馬博拉斯山、秀姑巒山、關山等地區。這兒風強土薄，岩屑貧瘠，因此植物

作品名稱／剛 - 柔　攝影／王智筠　拍攝地點／玉山北北峰

生存不易。木本植物多匍匐生長，多年生草本植物則以地下根、莖過冬，苔蘚、地衣到處繁生。植物層次單純，植株低矮，並成塊狀叢生，但花大而鮮豔。

寒原植物的下方，是廣大的森林，乃國家公園植物的基因寶庫。因爲森林的形成與土壤、雨量及氣溫等條件有密不可分的關係，國家公園區內雨量豐沛，雖有乾濕季之分，但乾季時仍有相當的降雨，且濕度極高，因此形成面積廣大的森林，並依海拔高度，區分爲亞高山針葉樹林、冷溫帶山地針葉樹林、暖溫帶山地針葉樹林、暖溫帶雨林及熱帶雨林等五種群系。

玉山圓柏林分布於玉山、秀姑巒山之下部谷地中。玉山圓柏又名香青，在玉山地區呈匍匐生長，但在秀姑巒山下部谷地則高大挺拔，這是因生長環境能避強風，土壤發育較佳的緣故，林下則仍多是陰濕性的高山草類。玉山圓柏林的下方是冷杉林，林下除遍布玉山箭竹外，還有杜鵑、高山薔薇等灌木，而濕潤處則遍生苔蘚及卷柏。

冷溫帶山地針葉樹林分布於海拔二千五百至三千公尺之間，位於冷杉林的下方，以鐵杉林及雲杉林爲主。鐵杉多生長於陽坡或近山脊排水良好的地區；雲杉則長在陰坡或陰濕的谷地；而濕度適中的地方，則兩樹種常混交，但通常是各自形成純林。不論是鐵杉林或雲杉林，兩者結構及伴生的植物相似，僅具一層優勢種之樹冠，林下伴生灌木及草類。

在冷溫帶針葉樹林的下方至一千二百公尺間，是暖溫帶針葉樹林。此處是針葉樹與闊葉樹的交接帶，也是本省雨量最多的地區，大氣濕度極高，故又稱霧林帶。由於氣候溫和、濕潤，生長環境較有利闊葉樹的發育，因此在海拔二千二百公尺以下、坡度平緩的地區，常已演替爲闊葉林。紅檜、扁柏、台灣杉、紅豆杉等珍貴樹木都生育於此。

暖溫帶雨林分布於玉山國家公園二千一百公尺至九百公尺間，以樟科及殼斗科的植物最多。因分布海拔低，原始群落已不多見，而由人工林的杉木或桂竹林、孟宗竹林所取代，或散生胡桃、赤楊、山黃麻等先驅植物。熱帶雨林是海拔最低的植物群落，僅分布於東部拉庫拉庫溪谷九百公尺以下的地區。目前多已開發，玉山國家公園東部由於開發較緩，因此得以保留一些。

動物棲身的天堂

玉山垂直分布的氣候，使得林相豐富，不同植群帶內的植物長期競爭、消長、演替，提供了各種動物不同的棲息空間和食物來源，使得玉山國家公園的生物多樣性非常的豐富。本區共約有五十五種哺乳動物，其中台灣黑熊、長鬃山羊、水鹿、山羌等是珍貴大型動物；鳥類約有一百五十一種，幾乎包括全台灣森林中的留鳥，包括帝雉、藍腹鷴等台灣特有種。

而居於森林最底層的爬蟲類則有十八種、兩生類十三種，其中最珍貴的首推山椒魚，是一種長著腳的魚類，別看牠奇形怪狀，和中國的娃娃魚可是親戚，在一百四十五萬年前的侏羅紀時期即出現在地球上，是台灣歷經冰河時期的活證據。

民國七十四年玉山國家公園剛成立時，園區的動物資源並不豐富，那是長期且無限制地受到文明干擾的結果。經過二十多年來的保護和繁殖，數目及種類都已明顯地增加了；在海拔一千八百至二千五百公尺的範圍內，孕育了台灣最豐富的動物。當遊客在林道間看到帝雉小心翼翼地沿著道路漫步，或是在小水塘畔的泥濘地上，分辨出哪些是水鹿或是山羌的腳印時，那種喜悅和感動，絕非觀賞籠中鳥、欄中獸，或懷抱寵物時所能體會到的。

近來在國家公園深處，有越來越多的台灣黑熊活動的跡象，當這個消息傳出之後，保育界的人士咸感興奮，認爲這是多年復育的成果，得來不易，也顯示台灣的生態環境已有所改善。但多數人的反應卻是負面的，認爲黑熊在山林中出沒，會危及登山者的安全。然而黑熊在遠古時代就來到台灣，如今卻只能委屈地在深山中活動，成立國家公園的目的，就是要還給牠們生存的權利，讓牠們能自在地在山林裡生息。

同樣的情形，在國家公園的森林陰濕處，人們偶爾翻開石塊，可能會發現像壁虎的小生命，牠就是山椒魚，是台灣相當珍貴的有尾兩棲動物，若滅絕了，後人在考據台灣的地質史時，就少了一份證據。

蛇類是很多人不喜歡，甚至懼怕的動物，平常就常遭到捕殺，再加上牠們具有補身效能的傳統說法，常被人們大量捕捉進補，棲息處一再遭到破壞，近年來數量已越來越少。玉山國家公園區內有幾種較特殊的蛇，一種是菊池氏龜殼花，身子短而肥，全身鐵灰色；另外一種是高砂蛇，數量原本就不多，是國家公園作紀錄與研究的對象，十分的珍貴。

每年三至五月，滿山遍野的花卉紛紛綻放時，就會出現成群的大紅紋鳳蝶、紅緣黃小灰蝶、紅鐮紋蛺蝶，在花卉上翩翩起舞，此種景況在東埔一帶最容易看到。而每年盛暑，曙鳳蝶則活躍於海拔約二千公尺的地區，深濃的桃紅色羽翅最是耀眼。另外，有一種雙環鳳蝶，翅端有兩排圓形紅斑，在陽光的照射下蝶翅會閃爍著綠色的光澤，從盛夏到初秋、從中海拔至高海拔的某些特定地方，都可以看到牠們的倩影。

八通關古道的開鑿

玉山地區雖然山高谷深，遠離台灣西部平原的精華區，但開發甚早。陳有蘭溪流域與拉庫拉庫溪流域（瓦拉米、黃麻）、荖濃溪流域附近所發現的石器與陶器等史前遺址，證明二千年前已有人類在此活動。近代定居族群幾乎都是布農族人，而人數不多的鄒族則世居在玉山西南側。秀姑巒山和玉山是台灣地理的核心地區，歷史文明演進的發展，也可以在此尋到一些蛛絲馬跡。

八通關古道的開鑿，爲清代經營台灣中部地區政策上一個重要的轉捩點。清同治十三年（西元一八七四年），日軍以牡丹社事件爲藉口，出兵攻打台灣的原住民，再加上列強覬覦台灣，使朝中有識之士開始體認到台灣邊防地區的重要，而有沈葆楨奏請開山撫番之議。另一方面，由於台灣西岸平原已經完成墾殖，墾地不敷使用，經常發生移民械鬥事件，但東部仍有廣大未開墾的土地，惟因中央山脈阻擋，遷徙墾殖較難，沈葆楨的建議終於被朝廷接受。

在勘查台灣全島形勢以後，沈葆楨決定開發三條貫穿台灣東西的橫貫道路，包括北路（由噶瑪蘭蘇澳至花蓮奇萊）、中路（由彰化林圮埔至花蓮璞石閣），以及南路（由屏東射寮至台東卑南）。其中的中路就是現在所稱的「八通關古道」，由總兵吳光亮負責闢建。

吳光亮在清光緒元年（西元一八七五年）一月率兵二千餘人，由林圯埔（竹山）開山東進，經大坪頂、鳳凰、牛轀轆、茅埔、八通關、大水窟，以迄璞石閣（玉里），在同年十一月完工，並於要地設置營壘。道路完成之後，清廷即刻廣募眾民，配合官兵屯墾，並對台灣採取開放政策，鼓勵漢人來台拓荒。但拓墾政策因天然環境及原住民抵抗，成效並不好，八通關古道完成後不到二十年間即成廢道。

日治時期，日本政府爲了大力推行「理蕃政策」，乃重新測繪路線，分東、西兩段，另外開闢了一條「八通關越道路」。大正八年（西元一九一九年）六月，在大批武裝警察的警戒下，八通關越道路正式動工，歷時二年後竣工。東、西二段以大水窟爲分界點，西段自楠仔腳萬（今信義鄉久美村）起至大水窟，長約四十二公里；東段自玉里至大水窟，長八十二公里。

日人興築八通關越道路的目的，除聯絡東西部交通外，更著眼於加強對深山原住民布農族的統治與管理。目前在八通關草原以及中央山脈大水窟池旁邊的草坡上，各有一處清軍營盤遺跡，應是當年清朝總兵吳光亮率兵修築道路時所建的駐軍據點。清朝古道與日本越嶺古道路徑不同，卻在這兩處地點交叉，剛好揭露了這條道路背後一段原住民抗日的史實。

原住民抗日的史實

大正三年（西元一九一四年），日人推動「五年理蕃事業」，第一步就是沒收原住民的槍枝和彈藥，遂引發布農族人的不滿和抗爭，原本平靜的部落因此變得十分緊張。翌年拉荷阿雷兄弟領導布農族攻擊大分警官駐在所，即為大分事件。

事件發生後，日人立即封鎖古道，並對原住民展開反擊。在大批日警的圍剿下，拉荷兄弟退到荖濃溪上游的塔馬荷（玉穗）一帶建立基地，準備長期抗爭。大正八年，為全面肅清大分事件所引發的抗日勢力，日人採取了強硬的壓制政策，動工興築「八通關越道路」，以便調動軍警大軍包圍塔馬荷社，此路在全速趕工下於大正十年（西元一九二一年）完工，全長約一百二十五公里。

昭和六年（西元一九三一年），為了進一步壓迫拉荷阿雷兄弟，日人又開闢連接里壠（台東關山）至六龜（高雄六龜）之間的「關山越警備線」，全長約一百七十五公里。從此散布在荖濃溪及拉庫拉庫溪兩岸的布農族部落，完全在日人的掌控之下，從警備線上的「中之關駐在所」可直接監視玉穗社，南北雙方夾攻玉穗的戰爭即將爆發。昭和八年（西元一九三三年）拉荷阿雷迫於形勢，只好出面議和，長達十八年的布農族抗日行動才告一段落。

二次大戰結束以後，八通關越道路曾一度荒廢，後經台灣省林務局整修部分道路，作爲林業護管使用。現存古道有部分爲清朝時建的古道，部分爲日治時期古道，而以日治時期古道占大部分，且維護較好，可能與日人沿路設駐警所與測量精準、技術先進有關。目前清古道較明顯且可通行的部分，是從東埔開始，經陳有蘭溪右岸（朝出海口方向）的父子斷崖、雲龍瀑布、樂樂、對關，一直到八通關草原爲止，再過去就不容易行走。古道大部分路徑因掩沒在山野荒草間，辨識不易，除八通關草原上尚殘留明顯的古道遺跡外，只剩下父子斷崖對岸山腰上一段石階，以及乙女瀑布與對觀之間溪谷上方所保有的一小段石階。

民國六十年代起，我國登山運動蓬勃發展，西段成爲攀登玉山、南二段、馬博橫斷等路線的要道而名噪一時；東段則因年久失修、乏人問津而逐漸被遺忘，一度被誤認爲多處崩坍無法通行。歷經數年的修復工程後，九十四年十一月「八通關越道路」終於重新貫通。目前的八通關古道全部在玉山國家公園的管轄範圍內。民國七十六年，內政部正式將清代八通關古道列爲國家一級古蹟；近年來再改爲國定古蹟。

布農族及其傳統文化

在台灣四百多年的開發史中，濁水溪下游的沖積扇，原是平埔族人活動的範圍，他們聚居的部落大多鄰近河川，以漁獵爲生，濁水溪流域即是當時平埔族人主要的分布地區。中上游則屬布農族及泰雅族原住民的勢力範圍，同樣以捕魚狩獵爲生。

清康熙年間，閩粵地區的移民先由港口進入內陸沖積平原，再逐步進入山區，從事農耕、伐木或製造樟腦油等產業，成爲濁水溪流域的開發先鋒。漢人爲了爭奪土地與水源，常會與原住民發生衝突，或交換利益，逼使原住民退居深山地區。最後終於退到了濁水溪最上游，現今屬南投縣信義鄉的山地，才在此定居下來。

布農族稱「人」爲Bunun，這也是該族名稱的由來。現今布農族的分布地主要在南投縣的信義、仁愛兩鄉；花蓮縣的卓溪、萬榮兩鄉，此外還有分布於高雄縣的桃源、那瑪夏兩鄉；以及台東縣的海端和延平鄉。人口數在台灣原住民中居第四位，分布面積則僅次於泰雅族而居第二位。就遷移而言，布農族可說是台灣原住民當中人口移動幅度最大、活動力最強的一族。

布農族居住於中央山脈兩側，屬今日南投縣的仁愛與信義鄉，是典型的高山民族。約十八世紀時，世居南投的布農族開始大量遷移，一是往東遷至花蓮的卓溪鄉、萬榮鄉，再從花蓮移至台東的海端鄉與延平鄉；另一支於日治時代則沿著中央山脈南移至高雄的那瑪夏鄉與桃源鄉，以及台東縣海端鄉的山區。由於民族大遷移的結果，該族的分布範圍也因此擴展遍布於南投、高雄、花蓮、台東等縣境內。

布農族共分爲六個群，過去居住於南投一帶，分別是卓社群、郡社群、卡社群、丹社群、巒社群以及已被同化的蘭社群。目前各群居住地分別如下，卓社群：南投縣信義鄉久美村、仁愛鄉中正、法治、萬豐村，卡社群：信義鄉南潭、地利、雙龍三村，丹社群：信義鄉地利村、花蓮縣萬榮鄉馬遠村，巒社群：信義鄉豐丘、望鄉、新鄉、人倫及花蓮縣卓溪鄉，郡社群：信義鄉東埔、羅娜、明德及台東縣海端鄉、延平鄉及高雄縣三民、桃源鄉。是五個社群中最大的一支。

在台灣的原住民中，布農族是傳統祭儀最多的一族。由於對於小米收穫的重視，因而發展出一系列繁複而長時間的祭祀儀式。一些外界比較熟悉的儀式，包括「小米開墾祭」、「小米播種祭」、「除草祭」、「收穫祭」、「入倉祭」等。

對於農事或狩獵行事的時間，布農人多依著植物的枯榮與月亮的盈缺來決定。例如松樹發新枝或水鹿發茸角時，適合播種小米；月缺時適合驅蟲、除草；滿月時則適合收割舉行收穫祭。由月亮的圓滿，來象徵人生的圓滿與小米的豐收；以月缺來代表不好的預兆或事物，希望它盡快去除消失。

比如在除草祭儀結束後，布農人會打起陀螺，祈望小米像陀螺快速旋轉（快速成長）。並在空地上架起鞦韆，希望小米如鞦韆般盪（長）得一樣高。從這些傳統的風俗習慣，可以看出布農族是一個充滿想像力、生活態度充滿象徵意味的民族。

由於生活禮俗和祭儀的繁複，布農人在音樂上也發展出相當複雜的合音唱法，以配合祭禮的進行，這就是著名的「布農族八部合音」的由來。

民國四十一年，日本的音樂學者黑澤隆朝將布農族的〈祈禱小米豐收歌〉（Pasibutbut）寄至聯合國的文教組織，西方的音樂學者聽了之後，驚訝於古老的部落爲何會有如此繁複的合音，而讚嘆不已。該首歌是布農族爲了祈求小米豐收與天神溝通的祭歌，由一位長者起音後，其他歌者陸續加入，隨著音域漸高，成爲多聲部同時演唱，因此慣稱爲八部合音。演唱時氣氛莊嚴，藉由歌聲自然吟唱出對天神的祈求，聽者都會爲之動容。

鄒族及其傳統文化

定居在高雄縣桃源鄉的原住民，以布農族人數最多，早年布農族的祖先爲了尋找新的耕地及獵區而移居到此。其次爲鄒族，人數大約二百餘人，「高山青，澗水藍，阿里山的姑娘美如水，阿里山的少年壯如山。」這首膾炙人口的〈高山青〉就是以鄒族人爲主角，所編寫的台灣民謠。

傳說中，鄒族是由天神哈莫（Hamo）所創造的，早在三千年前即來到台灣，在大洪水之前，已活躍在嘉南平原一帶，經過千百年來的遷徙，最後定居在曾文溪上游的阿里山山脈。鄒族在台灣原住民中算是少數的族群，四百年前還有二萬多人，後來經過瘟疫及天花等流行病的感染，死亡甚眾，目前僅剩下七千人，主要集中在南投縣信義鄉、高雄縣那瑪夏鄉、桃源鄉及嘉義縣阿里山鄉。

鄒族有「北鄒」、「南鄒」之分，相對於居住在阿里山一帶的「北鄒」，桃源鄉境內的鄒族人即屬「南鄒」。阿里山鄉目前有達邦和特富野二大社，仍保存傳統祭儀。從年初的播種祭、除草祭，到七月及歲末的小米豐收季，鄒族每季幾乎都有祭典，最盛大的則以祭祀天神和戰神爲主的「戰祭」。戰祭於每年二月或八月間舉行，是鄒族人向戰神的獻禮，也祈求下次勇士再出征時，能再得到戰神的庇祐。藉著祭儀來勉勵族人，將部落裡的人凝聚在一起，來捍衛鄒族傳統的文化。

鄒族每一個家族都有自己的「祭屋」，它是用木頭或竹子蓋的小房子，除了舉行祭典之外，其他時間都是關著的。裡頭供奉的神靈有小米女神和土地神，過去鄒族人相信這些神靈可以保佑族人的農作和狩獵都能豐收。現在的小米祭都在各氏族所擁有的祭屋舉行，這一天，包括旅居在外的全體族人，都會回到祭屋團圓祭祖，共享豐盛的傳統美食，可說是鄒族的新年。

南安遊憩區

玉山國家公園因轄區遼闊，面積廣大，遊憩資源十分豐富，而且各具特色，可大略分為四大區：

西北園區，位於玉山園區西北側，包括新中橫公路、塔塔加、東埔、八通關、玉山主峰等地區。

南部園區，位於玉山園區西南部，包括南橫公路沿線、梅山、天池、埡口、關山等地區。

東部園區，位於玉山園區東南側，包括南安、山風、瓦拉米、大分及新康山等地區。

高山核心地區，位於玉山園區東北部及中央地帶，包括大水窟、秀姑巒山、馬博拉斯山、達芬山、馬西山等地區。

在玉山國家公園管理處、塔塔加遊憩區、梅山遊憩區、南安遊憩區，設有四座遊客中心，提供各項媒體欣賞、諮詢及解說等各項服務。

東部園區的南安遊客中心，距玉里鎮約十二公里，建築物爲中國庭園式造型，前臨秀姑巒溪上游拉庫拉庫溪，由溪流切割所形成的峽谷、瀑布、斷崖、裸岩等地形嶙峋多姿，有大山大水的格局。從遊客中心往上走，先到達南安瀑布，五十公尺高的瀑布集山澗之水臨空而下，有如白練灑空，氣勢萬千。

由瀑布往前四公里，即抵達瓦拉米步道入口，步道由山風開始，攀上瓦拉米全程約十四公里，是沿著日治時代的八通關越道路修築而成，由此往返約兩天的時間，須有萬全準備才可成行。這裡的森林大多未遭受人爲破壞，屬次生闊葉林，主要爲台灣胡桃、華八角楓等。一般遊客可以花二個小時的時間走到山風瀑布，沿途有低海拔闊葉林，動植物相豐富，蝴蝶飛舞、鳥兒鳴唱，更有許多松鼠在樹枝間跳躍。

自遊客中心往三十號玉長公路入山約十分鐘，即可抵達南安瀑布。南安瀑布高約五十公尺，水量豐盈充沛，瀑水沿著石壁急奔而下，宛如一條細細的白絹。壁上長滿了翠綠色的植物，天空中飄浮著沁涼的水氣，像一道水幕，若映著大太陽時，還可見到一彎彩虹掛於潭中。在步道上行走，可遠眺拉庫拉庫溪。「拉庫」在布農族語的意思是無患子，取這個名字是指登山口到佳心這一段，溪邊有很多拉庫。

「山風一號」是一座大型的吊橋，可以十人同時通過，由登山口走到這裡只需要

Peak
ation:3952m

作品名稱／最高喜悅　攝影／呂理山　拍攝地點／南投縣信義鄉玉山主峰

約二十分鐘，是一條老少咸宜的美麗步道。沿途紅葉片片，景致宜人，此步道前段屬於低海拔闊葉林，四季變化明顯。每當秋冬之交，山毛櫸、楓樹便會換上顏色鮮豔的葉片，登山的魅力在此展露無遺。

過了「山風一號」，步道開始變窄，深谷幽徑的感覺油然襲上心頭。沿途鳥叫蟲鳴時有耳聞，踩著地上的枯葉繼續前進，即聽到了瀑布奔流而下的聲音。「山風瀑布」位於瓦拉米步道入口二公里處，一路草木芬芳，撲鼻清香。卓溪山山勢壯闊，氣蘊豪邁，剛通過的「山風一號」吊橋即懸掛在石崖間，河流對岸岩石紋理歷歷可見。山風瀑布處有觀瀑亭，水流經「山風二號」吊橋，一瀉而下。若在夏日行經吊橋，涼意迎面拂來，暑氣全消，確實是一條令人賞心悅目、百走不厭的步道。

塔塔加遊憩區

塔塔加（Tataka），在鄒族的語言裡，爲寬闊、平坦的草原的意思。塔塔加海拔二千六百一十公尺，是新中橫公路最高點，也是攀登玉山群峰必經之地。西北園區的塔塔加遊客中心，擁有玉山國家公園最完善的資料。這兒視野十分開闊，向東可眺望玉山群峰，往西隔著神木溪可與阿里山山脈相望。山谷間常有雲海、山嵐飄浮。玉山國家公園在此規劃的遊憩區，提供國人賞景、健行等遊憩活動，透過各種多媒體設施，更可讓遊客享受豐盛的生態饗宴。

新中橫公路（中橫景觀公路），於民國八十年元旦全線通車，自嘉義縣阿里山鄉通往塔塔加地區，再由南投縣信義鄉下山，連接日月潭風景區等省縣道路系統，也是西北園區內最重要的交通動脈，沿線設有多處景觀據點。

新中橫公路的起點是台中縣天冷在南投水里鄉頂崁村與台十六線共線，沿著公路一路前行，首先到達的便是信義鄉。信義鄉又名「梅之鄉」，是台灣最大的青梅產區。每年歲末冬初繁花似錦、粉白淡綠，如雪花漫天飛舞，至清明時節則是梅果成熟時，賞梅與採梅便成了梅鄉最富詩情畫意的活動。風櫃斗、牛稠坑、烏松崙都是知名賞梅景點，其中又以風櫃斗最爲熱門。

風櫃斗位於自強村，從海拔四百公尺的高度上升至一千二百公尺，廣達五百公頃的山坡上全種滿了梅樹。風櫃斗梅樹的特色是表皮粗黑、枝幹盤繞、姿態蒼勁挺拔，最富美感，大部分梅樹爲三十年左右的老樹，其中自強國小附近的老梅王，樹齡高達七十歲，老而彌堅，生機盎然。遊客遠道而來，就是爲了瞻仰它的丰采。

信義鄉同富村草坪頭是個著名的茶鄉，位於海拔約一千三百公尺的山坡地帶，有一座廣達五十公頃的茶園，是民國八十三年由政府輔導成立的觀光茶園，風景如畫、茶香四溢，是一個觀光休閒的良好景點。草坪頭茶園主要以製茶爲主，爲凸顯茶區特色，每戶製茶廠前都立了一座大型的茶壺雕像，造型親切而有趣，因而成爲草坪頭茶區最大的特色。

近幾年來，村子內外還種了千餘株的櫻花樹，因位於高海拔山區，日夜溫差大，每年都領先南投縣其他的櫻花區，提前進入盛開期。花季一到，常吸引大批遊客前來賞櫻。梅花加上櫻花，每到春季，山坡便會下起紅色的花雨，讓草坪頭多了另一種緋紅的風情，把信義鄉點綴得更是花團錦簇。

車子再往南行，便到了東埔。東埔是一處以溫泉與山巒美景而著名的布農族部落，位於陳有蘭溪與沙里仙溪的匯流點，同時也是八通關古道的起點，海拔一千一百公尺。東埔溫泉爲國內著名的溫泉勝地，溫泉水屬於弱鹼性碳酸泉，水質清澈，泉水來自溪谷，從岩縫、砂石層自然湧現，呈現出熱氣沸騰的景觀，業者再將泉水引流至旅館、飯店，提供遊客泡湯享受。附近的景點也值得一遊，如八通關古道、夫妻樹、父子斷崖、雲龍瀑布及彩虹瀑布等。

彩虹瀑布於東埔村後山腰情人谷附近，每至中午時分，陽光折射映現出彩虹，因而得名。雲龍瀑布則懸於海拔一千四百公尺的峭壁之間，有如青山白練、龍虎出沒的幻變之感；父子斷崖又稱父不知子斷崖，是個風化頁岩的大崩壁，過去因斷崖驚險、落石不斷，即使是兩人同行至此，也無暇相互照應，因而有「父不知子」的傳神名稱。夫妻樹是兩棵遭火焚毀的紅檜巨木，如今留下的是兩棵佇立在廣場上的白灰色巨木，相偎相依猶如夫妻。

不論是到風櫃斗賞梅，或是延伸行程至東埔溫泉泡湯，最適合的住宿地點就是東埔，這裡有大大小小的飯店或旅社，都集中在東埔溫泉這一小塊谷地。因此每逢星期假日，小街上遊人如織，溫泉飯店裡人來人往，充滿了度假的歡樂氣息。

梅山遊憩區

南橫公路於民國五十七年七月開工，西起高雄縣甲仙鄉，順著荖濃溪縱谷，途經寶來、桃源、梅山、天池，抵達南橫公路最高點埡口，往東沿向陽、摩天、利稻、霧鹿而下，直到台東縣海端鄉，全長二百零九公里，歷時四年四個月，於民國六十一年十月完工通車。沿線具有低、中、高海拔的豐富林相，穿梭於斷崖絕壁間，峽谷連綿，景致變化萬千，令人嘆爲觀止，爲南台灣地區提供了一處豐富的自然觀光資源。

梅蘭村是南橫公路進入玉山國家公園前的重要聚落，這個小而美的布農聚落，雖然只有二百多位村民聚居，但自從梅蘭社區發展爲「梅蘭布農藝術村」後，家家戶戶門口擺放許多木雕、石刻作品。住屋的梁柱上描繪布農族圖騰，正宗的布農族藝術，散布在部落的每一個角落。梅蘭社區自規劃爲梅蘭布農藝術村後，便積極培育工藝人才，包括布農族傳統編織、木石雕、陶藝創作等，遊客到這裡來，可以看到完整的布農族文化。

梅山口是南横公路進入梅山村的第一站，也是玉山國家公園入口，公園管理處在這兒設置了遊客中心，展示南横的動植物生態、地質、礦物等，以及布農族文物館，保存了布農族的珍貴文物和生活史蹟。裡頭典藏的文物，包括布農族生活習俗、木雕品、木刻畫曆、祭祀儀式、工技文化藝術等，現場還播放布農族優美獨特的八部合音。以國語、布農語雙語發音，有助於遊客更深入認識當地風土民情。

梅山遊客服務中心前的山坡上，有一座梅山原生種植物園，是台灣第一座以原生植物爲主的生態園區。園區目前有牛樟、烏心石和竹柏等四十多種原生樹種，以自動灌溉系統來育苗栽植，達到復育的效果。園區內也設置步道提供遊客遊憩，並在各樹種前豎立解說牌，提供良好的生態教育環境和休憩的場所。

梅山村位於南横公路梅山口站北方谷地二公里處，隱身於南横的高山之中，剛好位居荖濃溪和唯金溪匯流處，是一處布農族聚居的部落。梅山村以種植梅樹聞名，每年春節前夕，滿山遍野盛開的梅花，總會吸引許多慕名而來的遊客來此賞花。村民精心釀造的梅子酒、梅子醋等，都廣受歡迎。

天池位於南橫公路旁的庫哈諾辛山的支稜上，海拔高度二千二百零五公尺，主要為崩積層，長期受雨水沖蝕而成淺水集水區，並逐漸匯集附近的地表和地下水，發展出高山湖泊的地形。天池之水來自於天上雨水，沒有其他溪流灌注，池水卻終年不枯竭，因而得名。由於隱藏於山谷窪地中，也散發著一股神祕的氛圍。夏天野百合花開時，彷彿置身於世外桃源，附近的草原也是尋幽的好去處。

天池遊憩區內的長春祠，是南橫公路的中繼站，也是唯一的大型人工建築，中國宮殿式的風格和白色石柱，十分醒目，是為紀念南橫開路時因公殉職的一百四十二位榮民和公路局的工程人員而建。四周風景極佳，視野開闊，可以展望玉山南峰及中央山脈南段群峰。

南橫公路一百四十一公里，距長春祠五公里處，可見成群的巨大檜木，為南橫著名的檜谷，林木由紅檜、鐵杉、扁柏組成，綿延數公里，十分神奇壯觀，是南橫公路著名的景觀。此地海拔標高約二千四百五十四公尺，終年雲霧繚繞，彷彿是一座仙山，更添幾分詩意。是攀登塔關山的登山口。

埡口隧道又稱大關山隧道，全長六百一十五公尺，海拔二千七百二十公尺，是南橫公路最高的景點，也是遊客必經的休息站，是觀賞雲海及雲瀑最好的地方。大關山隧道不僅是南橫公路高度的分野，也是高雄縣與台東縣的分界。隧道穿過中央山脈的主脊，將山脈東翼和西翼截然不同的景觀連接在一起。西翼屬高雄縣境，天氣不穩，終年雲霧繚繞，難得看到太陽。出了隧道口進入台東縣境時，天空豁然開朗，久違的陽光亮得令人刺眼，成為看日出的好地方。南橫公路從此一路下山，柳暗花明，已是另一番風景。

守護生態第一線

如此一條風光綺麗、地質獨特的高山景觀道路，卻在今年（二〇〇九）的「八八水災」中遭到重創。在土石流和洪水的衝擊下，許多布農族部落遭到掩埋、滅村的命運，導致家破人亡、天人永隔的慘劇。南部橫貫公路更是遍體鱗傷，交通為之中斷，沿線的觀光景點也都成為孤村，對居民的生活和生計都是一大打擊。

在公路局的努力搶修下，十月二十日車輛勉強可進入桃源鄉，桃源至梅山口路段則要明年二月才能搶通。那瑪夏聯外道路毀損嚴重，必須繞行嘉義大埔。新中橫公路雖然受創較輕，但水里到神木村某些路段仍封閉多時，對外交通仍然極為不便，連帶玉山國家公園都受到不小的衝擊與影響。

「八八水災」是個警訊，是大自然對人類肆無忌憚的開發行爲的一種報復和教訓。人類假如不能從這次的災難中吸取教訓，更大的災難和損壞還會接踵而來。國家公園是大自然的守護者，玉山國家公園是台灣陸域面積最大的國家公園，而且轄區內都是名山大川，高山縱谷裡隱藏著最珍貴的天然資源，如果遭到破壞損毀，導致地質、水文、氣候及生物多樣性的巨變，那才是台灣生態的浩劫。玉山國家公園面對此一生態危機，所扮演的角色和所承擔的任務，便格外的重大了；站在保護生態的第一線，誠然是任重道遠，當然也就需要國人更多的支持與參與了。

3.

陽明山國家公園

櫻花盛開的山崗——

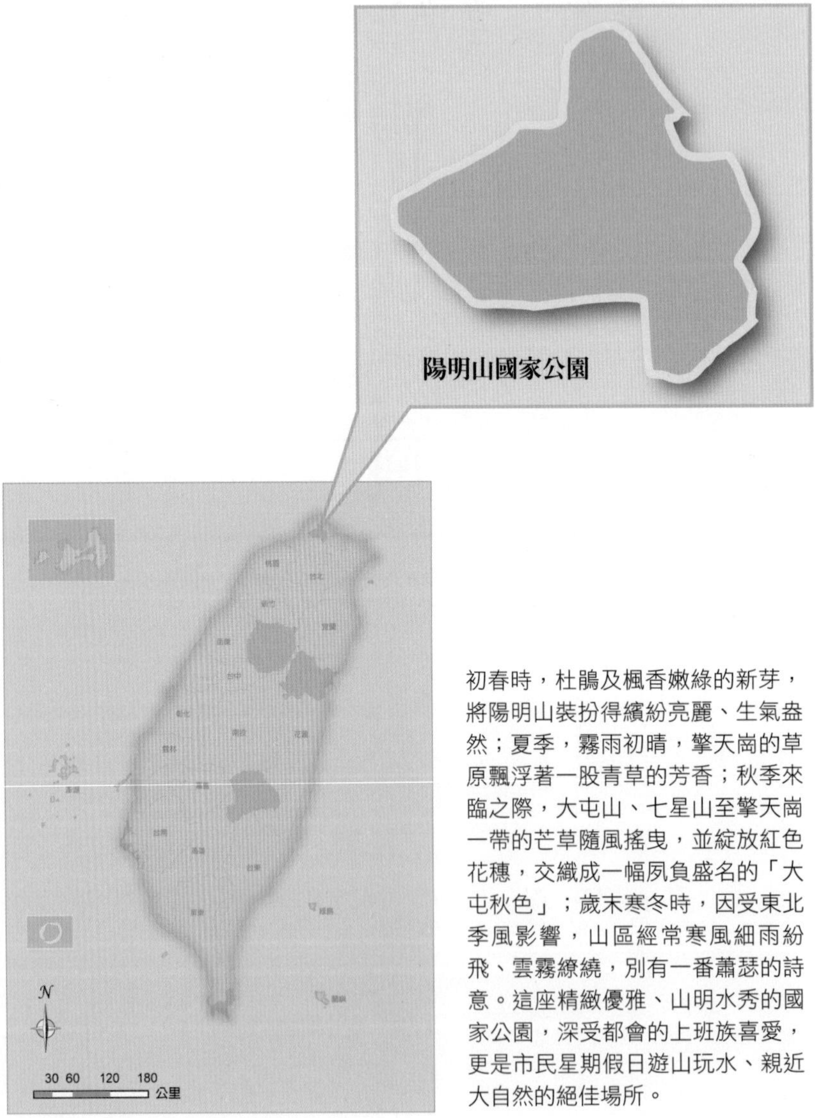

初春時，杜鵑及楓香嫩綠的新芽，將陽明山裝扮得繽紛亮麗、生氣盎然；夏季，霧雨初晴，擎天崗的草原飄浮著一股青草的芳香；秋季來臨之際，大屯山、七星山至擎天崗一帶的芒草隨風搖曳，並綻放紅色花穗，交織成一幅夙負盛名的「大屯秋色」；歲末寒冬時，因受東北季風影響，山區經常寒風細雨紛飛、雲霧繚繞，別有一番蕭瑟的詩意。這座精緻優雅、山明水秀的國家公園，深受都會的上班族喜愛，更是市民星期假日遊山玩水、親近大自然的絕佳場所。

陽明山國家公園位處台灣北端，成立於民國七十四年，面積一萬一千四百五十五公頃，全區以特有的火山地形地貌著稱，以大屯山火山群爲主，園內火山口、硫礦噴氣口、地熱及溫泉等景觀齊備，是個火山地形保持十分完整的國家公園。

陽明山國家公園因受緯度及海拔影響，氣候分屬亞熱帶氣候區與暖溫帶氣候區，且季風型氣候極爲明顯，因此季節性的天然資源、多彩多姿的景觀，是陽明山國家公園的特色。初春時，杜鵑及楓香嫩綠的新芽，將陽明山裝扮得繽紛亮麗、生氣盎然；夏季，霧雨初晴，擎天崗的草原飄浮著一股青草的芳香；秋季來臨之際，大屯山、七星山至擎天崗一帶的芒草隨風搖曳，並綻放紅色花穗，交織成一幅夙負盛名的「大屯秋色」；歲末寒冬時，因受東北季風影響，山區經常寒風細雨紛飛、雲霧繚繞，別有一番蕭瑟的詩意。

有別於其他山岳型的國家公園多位於偏遠荒涼、人跡罕至的高山深谷區，陽明山國家公園由於緊鄰人口稠密的台北市，扮演著「都會國家公園」的重要角色，使得這座精緻優雅、山明水秀的國家公園，深受都會的上班族喜愛，更是市民星期假日遊山玩水，親近大自然的絕佳場所。

採硫的歷史

陽明山原名草山，清光緒二十年（西元一八九四年）時，屬淡水廳芝蘭堡管轄。自古以來，陽明山地區即盛產硫磺，而硫磺是製造火藥的主要原料，因此經濟價值很高，明朝時就有漢人來到這裡，以瑪瑙、玉石、手鐲等貴重物品，和當地的平埔族換取硫磺。利之所趨，逐漸帶動了陽明山麓開採硫磺的歷史。

清康熙年間，由大陸渡海來此開採硫磺的人數漸多，清廷擔心民間私製火藥，製造社會動亂，曾在同治年間禁止民間私自開採，並對違規者處以刑罰。但因火藥的威力強大，鋌而走險者仍大有人在，因此非法開採的行爲仍難制止。直到光緒年間，台灣巡撫劉銘傳上奏朝廷，允許將開採硫磺改爲官辦，禁令才告解除，開採硫磺也進入大規模的時代。移民不斷來到這兒採礦，促成了交易的活絡和商業的勃興，連帶的也推動了農業的發展，陽明山一帶乃快速地興盛繁華起來。

日治時期，日人看好陽明山的山林美景，在山上積極造林，廣植松樹、櫻花、杜鵑及相思樹，並且開闢溫泉，興建公共澡堂及旅社，帶動了陽明山及北投的觀光事業，陽明山因而呈現出一片欣欣向榮的氣勢。日人後來在規劃台灣的國立公園時，還提出了在陽明山區成立「大屯國立公園」的構想，範圍涵蓋了七星山、大屯山及觀音山等。此計畫後來因爲日本戰敗投降而胎死腹中，殊爲可惜。

台灣光復三十年後，在國人的努力下，經濟開始起飛，但對環境的破壞也日甚，有識之士在面對經濟開發與環境保護的兩難處境時，開始倡議成立國家公園。民國六十一年，國家公園法立法通過，但因國內環保意識尚未普及，推動時面臨很大的阻力，因此遲至民國七十三年，國內第一座國家公園——墾丁國家公園才告成立。翌年，玉山及陽明山二座國家公園緊接著成立。從草萊初闢到成爲國家公園，陽明山走過了百餘年的歲月。

陽明山國家公園位於台北盆地之北，東由磺嘴山、五指山起，西至向天山、面天山西麓，北迄竹子山、土地公嶺，南迨紗帽山南麓。園區內主要包含了大屯山和七星山二個火山群爲中心，及其周邊的山嶺和山地。行政區域則涵蓋了台北市北投區、士林區山區，以及台北縣的淡水、三芝、石門、金山、萬里等鄉鎮的山區。面積遼闊，群山競秀，爲北台灣築起了一道綠色的長城，捍衛了園區裡的動植物生態多樣性，以及豐富的地質、地理和人文史蹟，值得我們深入地去了解和愛護。

火山活動及地質地形景觀

陽明山國家公園以大屯山火山群和七星山火山群爲主體，由於火山噴發作用，火山岩塊大量堆積在沉積岩上，地質結構屬於安山岩，有外形特殊的錐狀和鐘狀火山體。其中最具火山特徵的如火山口、火山湖、地熱溫泉等，是陽明山國家公園內極爲特殊的地質地形景觀，其中又以地熱噴氣孔的特殊地形，最令人稱奇。

陽明山國家公園的地熱噴氣孔和溫泉，主要分布於北投至金山之間，屬於金山斷層的周邊地區，其成因是地表水下滲到地底後，被地下熱源加熱，再經由地表的裂縫冒出而形成地熱噴氣，是火山活動極爲特殊的景觀。

火山的噴發現象，不管是溫和的岩漿溢流成河，或是劇烈的火山灰直衝九霄雲天，都是地球內部巨大能量的釋放。人們從電影或紀錄片上看到火紅的岩漿冒出地表，匯集成河，從山頂奔騰而下；或是夾雜著細小的顆粒直衝雲霄，如原子彈爆炸般形成蕈狀雲，都會被那聲勢浩大的場面感到震驚而害怕，因爲人與大自然都會遭到它的破壞或毀滅。

火山活動與板塊運動有非常密切的關係，當兩個板塊不斷地碰撞擠壓時，其中一

作品名稱／美麗乎？脆弱乎？　攝影／葉奇濤　拍攝地點／台北縣金山鄉大油坑

塊會被擠壓陷入地球內部，在地心慢慢加熱，溫度不斷升高，最後被吸收同化掉入地心。在兩個板塊不斷碰撞、擠壓的過程中，會發生壓力釋放和岩石融熔的現象，這是地震和火山活動都容易發生在板塊交界之處的原因。板塊在高熱的地底熔化後噴發、堆積形成，因此，火山活動也是板塊運動和地貌型塑過程中的一種現象。

台灣位於西太平洋菲律賓板塊與歐亞大陸板塊的碰撞帶上，距今六千五百萬年到一萬年以來，都有火山噴發的紀錄，而且各種火山活動的類型都有。大屯山火山群是台灣北部火山岩區中分布最廣、噴發量最大的火山。這個區域的火山活動持續了二百多萬年，共形成了二十幾座火山，大約二十萬年前紗帽山出現後，噴發活動才停止下來。目前的火山地景都是後火山活動的遺跡，包括錐狀、鐘狀的火山體、火山口、火口湖、堰塞湖、溫泉以及硫磺噴氣孔等等。

園區內最高峰七星山標高一千一百二十公尺，是一座典型的錐狀火山，由火山噴發的熔岩流和火山碎屑交互堆疊形成；鐘狀火山的代表則是紗帽山，是由較黏稠的熔岩流以緩慢的速度堆疊形成。至於順著斷層裂隙湧出的地熱溫泉，是本區的地質特色，主要分布在大磺嘴、大油坑、小油坑、馬槽等地區。

溫泉與地熱的魅力

民國六十年代，台灣曾在大屯山火山群的馬槽和北投的硫磺谷地區，進行大規模的地熱探勘，並進行地熱潛能的利用評估。可惜大屯山火山群的地熱水中硫酸的成分太高，腐蝕性太強而未能大規模利用。但地表下分布廣泛的地熱，產生了許多的溫泉，可供泡湯之用。

依據學理，溫泉是指從地下自然湧出的泉水，若水溫高於當地年平均溫攝氏五度以上，就可稱爲溫泉。依其化學成分可分爲碳酸鹽泉、硫酸鹽泉及氯化物泉三種。大屯山火山群的溫泉屬硫酸鹽泉，水質呈黃白色半透明，有硫磺味。在民間的傳說中，都認爲溫泉水中含有大量的礦物質或離子，具有醫療效果，或對精神有鬆弛的作用，溫泉業者也常以此爲號召，招攬生意。日本人是最愛泡湯的民族，日治時期開始引進日本的泡湯文化，在他們的銳意經營之下，使得陽明山與北投一帶，成爲台灣著名的溫泉鄉。

北投地區的溫泉開發甚早，明治二十七年（西元一八九四年）時，就有德國籍的硫磺商人在此開設溫泉俱樂部，供喜愛泡湯的同好使用。兩年後，日人平田原吾開設

「天狗庵旅舍」，是台灣第一家溫泉旅社。日大正二年（西元一九一三年），日本官方又在「天狗庵旅舍」旁，設立北投公共浴場，規模甚大，連當時的日本亦屬少見，帶動了北投民眾泡湯的風氣，此後北投一帶有溫泉的地方，紛紛改建澡堂或浴室，像硫磺谷、頂北投、雙重溪、龍鳳谷等都是。

陽明山地區也不遑多讓，小隱潭、湖山、鼎筆橋、陽明山、竹子湖、小油坑、大油坑、冷水坑、馬槽、七股、八煙等地，幽靜的山窪或溪谷裡，都可看到露天的澡堂、公共浴場或溫泉旅社，那些冒著水氣的看板或市招，營造出溫泉鄉的靜謐氣氛，吸引了無數喜愛泡湯的人士。其中特別值得一提的有冷水坑溫泉，以及大、小油坑溫泉。

冷水坑溫泉位於七星山東側的谷地，爲中性硫酸鹽泉，水質無色透明，區內有兩個斷層貫穿，形成一個明顯的斷崖。兩處泉源都自斷崖下湧出，管理處建有公共溫泉浴室提供遊客免費使用，深受遊客喜愛，附近有一座白色水池，當地人稱之爲「牛奶湖」，乃是溫泉流入低窪而成的小湖，因溫度降低、細小硫磺結晶沉澱所形成的自然景觀，與一般碧綠的湖泊很不一樣。

小油坑位於七星山北坡，是一爆裂口，與東南側崖壁環抱成一巨大的馬蹄形，開口朝向西北。崖壁最大的落差達一百公尺，爆裂口的底部有噴氣口，嘶嘶的響聲終年不絕，熱氣不斷噴出來，像雲霧一般飄在爆裂口的上方。水質呈灰白半透明，有硫磺味。至於爆裂口的岩石受熱氣腐蝕變質而成蛋白石質的矽質岩，或矽化成為類似火山渣的外形，好似一個即將噴發的火山，聲勢極為驚人。

至於大油坑因位處山腰，地形陡峭，形成階級狀，也屬於爆裂口地形，水質亦呈灰白半透明，有硫磺味。因強烈的熱水流動，岩石大多已腐蝕變質而呈灰白色。形狀也像火山渣，處處形成頭角崢嶸的小山頭。噴氣口所發出的聲音，比小油坑還強大，熱氣噴出後所形成的煙霧一縷縷自地底冒起，噴氣口仍有大量硫磺析出，是過去大屯山火山群中硫磺產量最高的地方。

地形、氣候與四時美景

陽明山國家公園的海拔落差不像山岳型國家公園那樣巨大，區內海拔高度介於二百到一千一百二十公尺之間，但地勢起伏依然劇烈。山脈、溪谷、湖泊、瀑布、盆地等各種地形交雜，呈現豐富的景觀變化。溪流依著山勢向四方流瀉，陡峭短急，因此瀑布、峽谷特別多。較著名的瀑布有絹絲瀑布、大屯瀑布、楓林瀑布等。

受地形和緯度的影響，園區內的氣候分為亞熱帶和溫帶氣候，季風特別明顯，不同的季節都能呈現不同的面貌。每年春季是陽明山傳統的賞花季，滿山的櫻花和杜鵑盛開，將陽明山點綴成一片花團錦簇、萬紫千紅的花海，在短短的一個多月的花季裡，每天都有成千上萬的遊客來到這裡賞花、踏青；尤其是台北都會區的年輕男女，總是結伴上山，在花海中尋覓春天的訊息，也把他們的青春活力和氣息帶到山上來，讓陽明山的春天顯得更爲絢麗斑爛、嬌豔動人。

然而，春天的陽明山畢竟是屬於櫻花的。據李瑞宗教授訪問當地耆老回憶，日人開始在陽明山上種櫻花，大約在明治末年到大正初年，至今已有一百多年了。但最早栽植櫻花的地方，並非陽明山，而是竹子湖。栽植的是原生的緋寒櫻和日本的吉野櫻，大正四年（西元一九一五年）時，才在陽明山前山公園栽植吉野櫻、八重櫻。

日人本來就喜愛櫻花，何況當時正值皇民化運動的高潮，所栽植的花卉更非櫻花不可，所以在規劃大屯國立公園時，陽明山和竹子湖一帶，幾乎都可看到櫻花。到了大正十三年（西元一九二四年），大屯山展開造林運動時，除了繼續栽植緋寒櫻、吉野櫻、八重櫻、大島櫻外，也開始栽植日本正統的山櫻和本地的霧社櫻花。長達十五年的造林運動，栽植的地點遍及陽明山、竹子湖、竹子山、十八分及面天山五處，數量達好幾萬株。不過因爲陽明山雨量過多，栽植櫻花的計畫並沒有成功，除了十八分及面天山的吉野櫻和大島櫻生長良好之外，其餘的存活率只有一到三成。

昭和十五年（西元一九四〇年）時，日人爲慶祝皇紀二千六百年，大屯國立公園特別成立櫻花委員會，展開第三波的造林運動。這項「大屯國立公園櫻花栽植計畫」終於使得日本櫻花落地生根，遍布陽明山的每一個角落。每年春天賞櫻的活動，也一直維持到今天，成爲陽明山公園一年一度最盛大的活動，民眾上山賞櫻的熱情也一直未減，並不受改朝換代的影響。

春天確是賞櫻的好季節，但此時春雨綿綿，山上時有雲霧繚繞，形成壯闊的雲海奇觀，也是陽明山看雲海的好時機。即使是晴朗的日子，暖流飄霧也是前山常可看到的奇景。山岳一帶的晨昏及午後，飽含水氣的空氣自溪谷升起，常有白雲縈繞在群山之間，形成一片壯闊的雲海。有時風大，雲海隨風飄盪，到了大屯山一帶，形成雲霧縹緲的特殊景觀，宛如一頁山中傳奇，因此「大屯雲海」也是陽明山的一景。

五月之後，林木轉綠，處處濃蔭，當山下火傘高張，溽暑難當之際，陽明山上卻是一片沁涼，林蔭之間的小溪流水淙淙，山溝之間澗水奔騰，岩壁上的瀑布千絲萬縷，水花四濺，是最好的消暑勝地。陽明山國家公園內大小野溪多達二百多條，寬度在四公尺以上的溪流更超過三百條，園內知名的瀑布有阿里磅瀑布、絹絲瀑布、老梅瀑布、楓林瀑布、大屯瀑布及紗帽瀑布等，因此溯溪觀瀑，可說是夏天最好的活動。

到了秋天，陽明山又展現了另一種蕭瑟的美景，那就是古今詩人墨客吟詠不盡的

作品名稱／落花流水　攝影／洪正安　拍攝地點／台北縣萬里鄉瑪鍊溪

「大屯秋芒」。芒草是陽明山區最常見的植物，尤其是小油坑遊憩區一帶，滿山遍野都是它的蹤影。每年秋天，就會綻放出白色的芒花，秋風一吹，芒絮上的小花便漫天飛舞，將陽明山秋天的景色點綴得更富詩意。

芒草的閩南話叫「菅芒」，是「菅芒浪白」名稱的由來。根據博物學家林宗聖長期的調查，它有多種變種，如五節芒、台灣芒和白背芒，因外形神似，一般人不太容易辨識。陽明山國家公園因範圍遼闊，三種芒草各自分布在不同的地帶，但以白背芒最多，它適合生長在向陽的開闊地，亦能適應硫氣充沛的地方，如大、小油坑一帶。因受硫氣的薰陶，芒草花穗呈鮮豔的紅褐色，未受硫氣薰陶的則呈淡粉紅色或白色。

芒花初開的時候微紅，而後轉白，入秋後枯萎泛黃。白色的芒花，小巧可愛，但長劍形的葉片卻像刀劍的鋒芒般銳利，登山者若閃避不及，常會被割傷。這時節從七星山到大屯山，整片山谷坡地白茫茫一片，都是白背芒。晚風習習，芒草隨風搖曳，整片山坡就像一片白色的海洋，波浪翻滾。這時站在芒草中，縱目四望，夕陽將落，暮氣漸沉，眞乃一片壯闊而美麗的景象，這時就可以體驗古人所說的「大屯秋芒」之美了，無怪乎這時節上山尋秋的遊客總是特別地踴躍。

往昔淡水廳所列淡北八景中有「屯山積雪」一景，但七星山和大屯山的高度僅一千餘公尺，無法與山岳型的國家公園內的高山相比，下雪的機率並不高，因此寒冬時未必有下雪。即使遇到強大的寒流來襲，偶有飄雪，但多落地即化。

近年來隨著氣候的變遷，氣候的變化趨向極端和不穩，所以陽明山下雪時有傳聞，「屯山積雪」的美景也不再只是夢境了。

植物分布與自然生態

前文提到「大屯秋芒」的美景，也談到芒草的特性，陽明山國家公園的植物分布亦十分具有特色，箭竹林尤其是特產。由於園內受到火山岩塊地質及降雨影響，土壤呈現強酸性，而受到東北季風與微地形氣候的影響，氣溫顯著偏低，植被分布有北降的現象。

這些因素使得這裡的植物組成，不同於其他同緯度地區。一些中海拔的種類，在區內普遍可見，例如昆欄樹、台灣馬醉木等。植群帶可分爲亞熱帶季風雨林、暖溫帶常綠闊葉林及山脊矮草原。在小油坑除了可看到陽明山的地貌特徵外，更可以飽覽箭竹草原、芒草原及火山植物區三種不同風貌。

竹子是一種再普通不過的植物，與我們日常生活息息相關，尤其在古早的年代，包括童玩、竹編器具、架屋、紙張等，乃至飯桌上的菜餚，都出自竹子。而在竹子繁

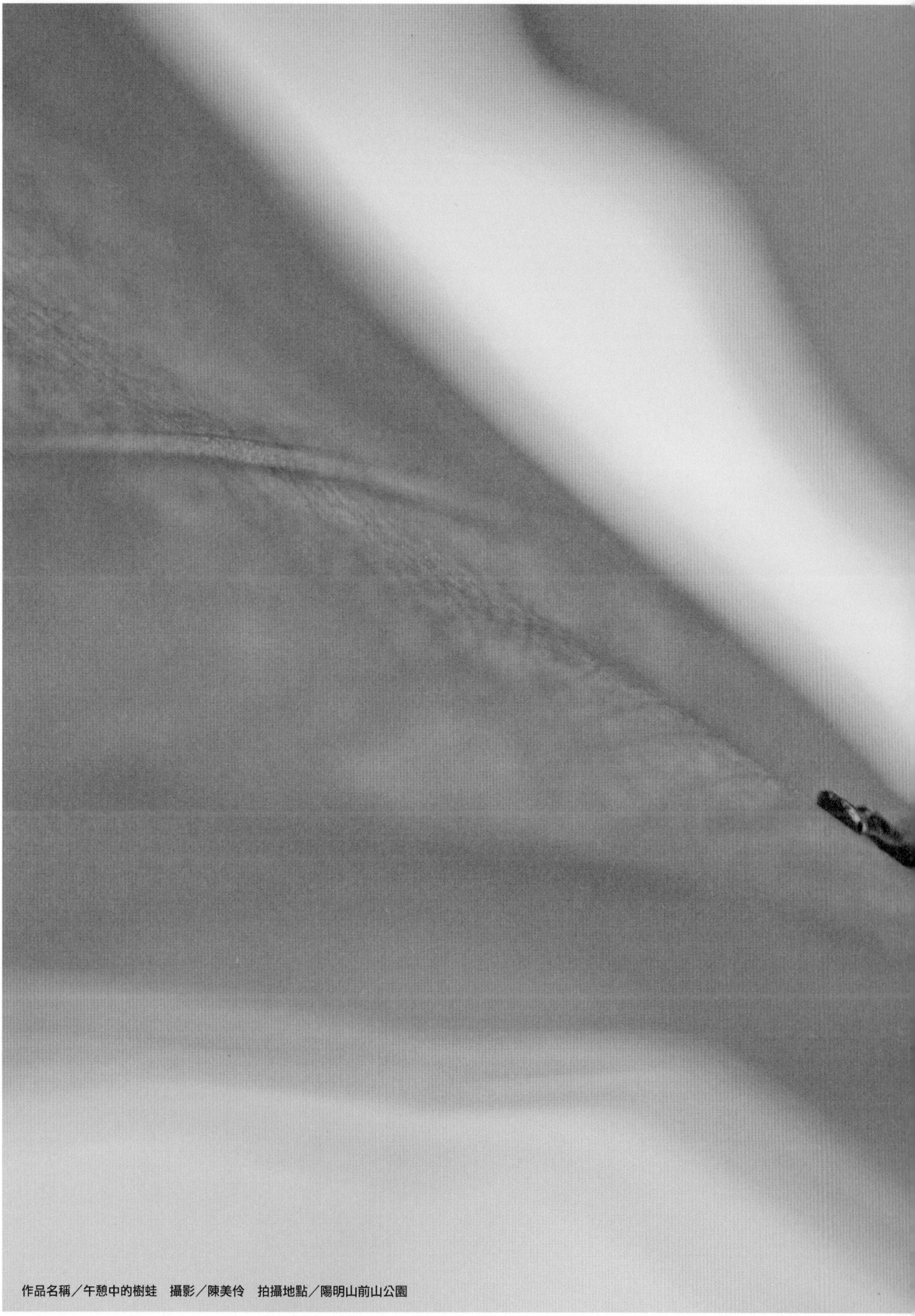

作品名稱／午憩中的樹蛙　攝影／陳美伶　拍攝地點／陽明山前山公園

多的種類中，有一類叫矢竹，竹桿纖細、堅韌而挺直，被早期原住民拿來作爲打獵時的箭桿，所以又叫箭竹。有台灣矢竹、玉山矢竹及包籜矢竹等三種。

台灣矢竹分布在中海拔以下山區，玉山矢竹分布在中央山脈高海拔地區，而包籜矢竹則分布於陽明山區一帶，園區的竹子山即因分布許多包籜矢竹而以之命名；竹子湖則是曾栽種許多孟宗竹、綠竹、桂竹等而以之命名。包籜矢竹顧名思義，乃是竹筍的籜葉長大成筍時都不會脫落褪去。這種竹子竹桿纖細、高約二公尺，葉片呈全緣，長度有十公分、寬二公分，長大後竹叢密生，而且聚集成一大群落，是極佳的防風屏障，風吹過來時搖曳生姿，如陣陣浪潮起伏一般，是山上農家尋常可見的風景，自然而美麗。

包籜矢竹靠地下走莖蔓生，形成矢竹純林，由於具有再生能力，能在火災過後快速重生，所以具有攔截雨水、水土保持、涵養水源等功能。此外，世界珍稀的動物貓熊，也愛吃箭竹；陽明山區雖無貓熊，反而是當地的居民採摘箭竹筍食用，已有數十年的歷史。

爲了保育的需要，陽明山國家公園禁止民眾在生態保護區及特別景觀區採摘箭竹（包籜矢竹）筍，在地的農民可向管理處申請採筍證後於開放的時間內在一般管制區採摘。在民國八十八至八十九年間，陽明山的包籜矢竹發生難得一見的開花現象，是過去幾十年從未發生的。竹類主要以無性繁殖擴大族群，開花現象並不尋常，但經開花有性繁殖後，結實產生竹米，隨後大量的舊有「箭竹」逐漸枯死，而由重新萌芽的新生族群所取代，再度覆蓋在陽明山國家公園的山頂，與芒草一樣成爲園內非常具有特色的草原性植被。

在水生植物方面，有水毛花、針藺、荸薺、燈心草等最爲常見，主要分布在火山口的沼澤地、水池等地。另有台灣水韭最負盛名，它是台灣特有的水生蕨類，只生長在七星山腳下的夢幻湖。其他代表性植物如鐘萼木、台灣掌葉槭、八角蓮、台灣金線蓮、紅星杜鵑、四照花等等，都是特有或罕見種類。

陽明山國家公園中，隨著不同的季節可看到不同的植物，由於公園複雜多變的地形和植物，使得動物棲息的場所和覓食的環境更爲多樣，因此孕育了豐富的生物多樣性。在哺乳類動物中，以赤腹松鼠、台灣野兔及台灣獼猴的數量較多，穿山甲與麝香貓也偶爾可見；其中台灣獼猴是台灣的特有種，近年來繁殖速度甚快，經常出沒在山林中，偶爾還會搶食路人的食物，甚至攻擊單身路過的行人。

在鳥類部分，公園內有低海拔的粉紅鸚嘴、繡眼畫眉、竹雞、五色鳥等。屬於台灣特有種的台灣藍鵲，偶爾也會現身，留給人們驚鴻一瞥。每年春、秋二季，是候鳥過境的季節，這時樹林最常見的便是赤腹鶇和樹鵲。到了夏季候鳥過境時，家燕、牛背鷺便經常可見了。牠們主要棲息在冷水坑和小油坑一帶的樹林中。此外，潛伏在低窪地帶的草叢中、平常不輕易現身的兩棲爬蟲類，也是陽明山生態圈內的要角，像台北樹蛙、磐古蟾蜍、長腳赤蛙等，數目多，族群也大；爬蟲類則有紅斑蛇、赤尾青竹絲、黃口攀蜥、印度蜓蜥、麗紋石龍子等，平常不太容易發現，遊客若有幸遇到牠們，請保持距離觀察就好，可別驚擾牠們喔。

春夏之交，是陽明山最熱鬧的季節，豐富的生態環境提供了蝴蝶一個絢爛的舞台。青斑蝶隨著盛夏的氣流，在大屯山和面天山之間的天空翩翩起舞，這兒有「二子坪步道」、「大屯山車道」和「大屯自然公園」，是觀賞蝴蝶和野生動植物的好地方，星期假日常有父母帶著小孩來這兒從事戶外活動。二子坪步道上還可看到枯葉蝶、黑擬蛺蝶、青斑蝶、黑端豹斑蝶、大鳳蝶、大紅紋鳳蝶、烏鴉鳳蝶和黑鳳蝶等彩蝶四處飛舞。一年四季，種種物種的活動接連不斷，正說明了陽明山國家公園裡生態環境的豐富與熱鬧。

總計園區內的蝴蝶紀錄種有一百六十八種，以鳳蝶科、斑蝶科以及蛺蝶科爲主，每年五到八月是觀賞蝴蝶的季節，而北台灣最負盛名的賞蝶地點就在大屯山、面天山一帶。區內鳥類約有一百二十二種，由於可及性高，容易觀賞，也是北部地區重要的賞鳥據點。園內目前設立了三個生態保護區，分別爲夢幻湖、磺嘴山及鹿角坑，著力於棲地物種的保護與復育。除了保護彌足珍貴的特殊地形生態之外，園區更擔起調節北台灣都會人的休閒重任。園內的古徑步道、瀑布小湖，無不清新幽雅，風景優美，這些地形與生態之美，就像台北人的後花園那麼的親近與方便，這也就是陽明山國家公園每年能吸引千萬遊客的美麗祕方。

魚路古道與人文史蹟

陽明山昔稱草山，由於緊鄰台北盆地，開發歷史甚早，在歷經凱達格蘭族、漢人、荷蘭、西班牙、日本等不同文化族群的洗禮後，遺留下極爲珍貴且具多樣性的文化遺跡，值得我們進一步去發掘、珍惜與保存。其中最具有代表性的人文史蹟，要屬大屯山的硫磺和魚路古道。

硫磺是台灣最早發現，且應用廣泛的礦物，由於極具經濟價值而成爲重要的貿易品。荷蘭時期，即有年產萬擔（約一百萬公斤）的交易紀錄。清朝郁永河曾積極採集銷往大陸，日治時代則對硫磺礦採集採許可制及自由買賣，全盛時期在大屯山附近的礦區共有二十七處。

而俗諺「草山風、竹子湖雨、金包里大路」的「大路」，指的就是早期金山、士林之間漁民擔貨往來的「魚仔路」。這條古道除了讓現代人體驗早年陽明山地區農、漁業社會的生活風貌之外，也是從事生態旅遊、自然觀察的理想步道。它的存在，爲陽明山與金山之間的歷史背景、早年的交通和生活情況，提供了最具體的事證。

金山昔稱金包里，是台灣北部的平埔族凱達格蘭族分布的地區，因金包里社聚居於此而得名。由於金山一帶的海岸平原較廣，很早就有漢人遷入。相傳清代開國之初，即康熙、雍正年間，金包里的老街已經形成街市，逐漸發展成北海岸貨物買賣的集散地。

魚路古道（古稱金包里大路），約闢建於清咸豐二年（西元一八五二年），是當時金包里到台北士林的道路。二百多年前，金包里的漁民爲了生活所需，每天一早就得出門，挑著前一晚辛苦捕來的漁獲爬上擎天崗，經山豬湖、山仔后到士林或大龍峒、大稻埕等地販賣後，順便購買一些日常用品，再循原路趕回家。凱達格蘭族與北投社（今北投）、毛少翁社（今士林）之間的聯絡，也走這條山路，因此自古以來即是金山平原與台北盆地之間聯繫的孔道。不管是漢人或凱達格蘭族人，當地居民的探親、訪友、嫁娶、做生意，乃至走私販毒，進出都得依賴這條古道。

清郁永河在他所著的《番境補遺》中曾記載：「金包里是小社，亦產硫，人性巧智。」因爲文字的記載，更可證明金包里人也曾利用魚路古道從事硫磺的交易活動。

直到清廷嚴令封山禁止採硫磺礦後，還將看守礦場的任務交給金包里人，從買賣者的角色轉成守衛者，可見金包里人對硫磺礦的參與甚深。

日人治台之初，各地都有抗日之士起義，北部地區也有多股勢力趁勢而起，與日軍抗爭，但最後都因武力不足而節節敗退。其中簡大獅所領導的義軍，曾於擎天崗廣闊山寨據守，並曾集結數千兵力，利用金包里古道的天險，屢屢突襲日軍，造成日軍嚴重傷亡。終因敵眾我寡，後援不濟，與日軍周旋數月之後棄械投降。日軍以其對古道的熟悉，令其修築古道，稱之爲「日人道」。日人道是日軍爲了運送火砲而建，所以較爲平坦寬闊，完成之後，日人命名爲「金包里大路」。

日治時代全力發展經濟，鼓勵農民種茶外銷，金山、石門一帶的茶園逐漸具有商業規模，茶農或茶商運送茶葉時，也經由此古道，途中的「許顏橋」即是茶商爲了避免茶葉濺到水合資所建。至於傳統的漁獲，也因路況改善之後，廣爲農工漁民所用。日治後期，由於太平洋戰爭告急，日人對古道的管制轉趨嚴格，但金包里人爲圖方便，仍趁黑夜時擔著漁獲和農產品，翻山越嶺，走私到士林一帶。

台灣光復後，國民政府爲改善台北盆地到金山沿海地區的交通，沿著日人所開的金包里大路修建陽金公路。完工之後，二地的交通大爲順暢，來往行人車輛人人稱便，原來的魚路古道少有人行走，逐漸爲荒煙蔓草掩埋。後爲已故古蹟專家林衡道教授重新發掘，於整理史料時以「魚路古道」名之，沿用至今。

物換星移，歲月多變，曾幾何時，探訪古道之風盛行，「魚路古道」再度受到山友的青睞而倖存，祇是從早期的漁人、商旅爲生活趕路忙，變成現在遊客逍遙遊的好去處。造訪魚路古道，重返歷史現場，可以拉近時空的差距，想像古人爲生活奔走之艱辛，當可爲時代的改變和進步而慶幸。

現存的魚路古道全線從陽金公路入口進入，直行到四百七十三公尺處，有一道瀑布，此後山徑一路蜿蜒下上磺溪，越上磺溪順左岸而上，於五百四十公尺處有一分叉路，右叉路可上切大油坑接挑硫古道，續往前行，路況明顯好轉，視野極佳，可遠眺周邊各個山頂及終年白煙繚繞的大油坑山谷，約四十分鐘後即可抵古道的最高點——擎天崗。

事實上，魚路古道沿途所經之處，都是陽明山國家公園的精華區，包括：絹絲瀑布、冷水坑遊憩區、菁山露營場以及太陽谷大草原。一趟魚路古道之旅，已將國家公園的史地人文精華，盡納入行囊胸臆之中。

擎天崗的戰時遺跡

擎天崗草原特別景觀區，簡稱擎天崗，又名太陽谷，由於地勢平坦開闊，遍地草原，往昔為當地居民的種茶區和放牧區。四周峰巒林立，為內雙溪之源頭，地扼金山、萬里、平等里、山仔后、陽明山、磺嘴山、頂山、五指山步道交通之要衝，自古即為兵家必爭之地，區內的竹篙山更是俯瞰大台北地區的最佳地點，此點更可聯結魚路古道、砲管道及挑硫道，驗證了擎天崗地理位置的重要。

擎天崗草原位於大屯山群的中央，及竹子山、七股山、頂山、磺嘴山之中間鞍部，地勢平坦，屬竹篙山熔岩所形成的階地；自古即為平埔族金包里社（金山）與毛少翁社（士林）聚落往來、狩獵、採硫的捷徑，也是魚路古道必經之地；先民們在此留下了足跡、遺址，形成了擎天崗草原及其附近地區豐富而珍貴的人文景觀。

擎天崗舊稱大嶺、大嶺峠、嶺頭嵒、牛埔等，百餘年前，清朝道光年間（西元一八六〇年代），有一位英國植物探險家由基隆登陸，經萬里、金山，循魚路古道往南進行植物調查，到了擎天崗時就有草原的記載。在此之前，先民們於此處獵取梅花鹿皮及其他野生動物，並採摘野果、芒草、硫磺等以供生活，並進行貿易交換。

以後隨著台灣經濟的發展及產業的興衰，明、清、日治等時期，此處也曾栽植甘藷、茶葉、大菁、樟樹、相思樹、柑橘、藥草、柳杉等。先民們爲了生活，在這塊土地上辛勤地開墾，最後鞠躬盡瘁，老死在這片草原上。如今還有無數乾隆、道光年間樹立的古墓碑，還有一座乾隆年間從竹子山移居到古道嶺頭的小土地公廟，迄今已有二百七十餘年的歷史，依然守護著他們早已殘破毀損的家園。

此外，草原旁及溪谷間的古老聚落、清代老茶寮、相思樹炭窯、樟腦寮、灌溉用古老水圳、筍寮、牛舍、採硫古道等，及散布野地的大菁、野生茶苗、樟樹等，林林總總的遺址或遺蹟，一一見證了這段已被湮滅了的歷史。

擎天崗草原自清朝末年形成草原以來，就是最佳的放牧牛隻牧場，農民稱爲「牛埔」，爲台北盆地及金山、萬里等附近農家農閒時耕牛寄養處所。除水牛外，也曾寄養過黃牛、神戶黑牛、羊、戰馬……等；草原面積最大時曾涵蓋磺嘴山、頂山、七星山、七股山等附近地區，面積達一千餘公頃，寄養牛隻最多也達三千餘頭。現因農業衰微，草原面積約只剩六．二餘公頃，圈養約九隻的神戶黑牛，以及飲水沐浴的水潭窪地，和清代以來即殘留的牛舍遺跡。

在軍事設施方面，擎天崗草原因位於魚路古道沿線的最高點，故有嶺頭之稱，左可俯視金山平原，右可遠眺大台北盆地，自古即是軍事要衝之地，也是台北盆地防衛上的橋頭堡。自明、清以降，就有軍隊為巡防或禁止採硫等任務而駐紮於附近。流寇、土匪也常出沒於此，軍事活動十分頻繁。

前文提到，乙未年（西元一八九五年）台灣割讓給日本後，許多抗日義軍退守此處，其中簡大獅義軍並曾於擎天崗廣闢山寨據守，並曾集結數千兵力與日軍周旋數月，現今猶有當初山寨留下的「城門」古蹟遺址，及當初日軍強迫附近居民興築與維修的砲管古道。

民國二十六年，日軍發動大東亞戰爭，台灣成了日軍南進的基地，隨著戰爭擴大，日軍在太平洋節節失利後，台灣也進入戰爭的狀況。除管制糧食等戰略物資外，並積極備戰，擎天崗草原當時也挖掘了二千餘個散兵坑及許多的防空壕、地下碉堡營舍等工事，後因日軍投降，這些工事幸未遭戰火波及，居民也得以逃過一場浩劫。

民國三十八年，國民政府退守台灣，兩岸軍事對峙的緊張情勢急遽升高，擎天崗成為保衛台北市的重要戰略要地，軍方也在此興築了許多營舍、碉堡、掩體、崗哨等，形成重要的反空降堡基地。附近並有許多的防砲部隊駐紮，積極整訓備戰。如今隨著兩岸情勢的緩和，軍隊撤守之後，這些軍事設施也已荒廢多時，成為「反共抗俄」時期的歷史建物。附近有一座六十年代的六角涼亭，柱上刻有「消滅共匪酬壯志」的字樣，正代表冷戰時期威權政府的政治號召，也見證了當時海峽兩岸緊張危急的態勢。歷史殷鑑未遠，值得現在來此的遊客反思。

民國七十四年，陽明山成爲以火山地形、地質及人文史蹟特色爲主的國家公園，擎天崗草原也進入了致力於生態保育的時代。草原上的人文史蹟，順著台灣歷史的發展，帶領遊客進入不同的時空背景。時代是改變了，但擎天崗的草原還是一如往常般青翠。

陽明書屋

陽明書屋原名中興賓館，興建於民國五十八年至五十九年間，爲先總統蔣公接待中、外貴賓及夏日避暑之處，也是蔣故總統在台唯一親自擇定興建的行館；目前爲陽明山國家公園人文史蹟建物之一，並提供遊客諮詢及導覽解說等各項服務，是一處兼具自然與人文、知性與感性的參觀遊憩場所。

陽明書屋坐落於陽金公路、東昇路花鐘旁的中興路上，占地約十五公頃，早期爲一處原始天然森林，屬陽明山管理局管轄，曾爲童軍總會露營區場地。民國五十九年中興賓館及其附屬建物興建完成後，仍保留部分原始林區，蔣故總統進駐中興賓館期間，基於安全理由而採取了嚴密的戒備。中興路是對外唯一的通道，但一般民眾進出仍受到管制，這戒嚴時期的戒令，雖造成附近民眾生活的不便，卻保存了陽明書屋周遭及中興路沿線豐富的自然生態資源。

中興賓館由知名的建築師黃寶瑜設計，一樓大廳採中國園林的設計，左右及中央皆有長廊，因陽明山多雨，設計多處長廊，是爲蔣公雨天時散步之用。廊上懸掛傳統宮燈，大門上配有龍形門環，爲了營造出吉祥、古典的氣息，天花板上貼的是「壽」字圖案。中央長廊分開兩個庭園，植滿了桂花，即使不開花的時節，桂花樹仍散發出撲鼻的清香，據說有富貴臨門之意。

走入一樓大廳，有正廳、東西客廳和辦公室，廳室之間迂迴互通。正廳布置八仙桌與圓桌等紅木和檜木家具，中央有一幅依蔣公實際身高所繪的畫像，身著防彈披風。二樓是蔣宋夫婦的臥室。夫婦二人分床，主要原因是蔣夫人愛看電影，習慣晚睡晚起，蔣公爲軍人出身，生活規律，所以各有寢室，互不干擾。

中興賓館的地下室，原用於保存重要的文件和檔案，有祕道可直通外面停機坪。蔣公逝世後，國民黨黨史會將辦公地點及黨史資料遷移至中興賓館，而當局掌管的「大溪檔案」也集中至此保管，並將此處布置成紀念館，改稱「陽明書屋」。基本上保存了當年風貌，包括當時的侍從室、通訊班、營房、車庫、參謀及警務人員辦公、住宿房舍等房間都還在。只是當年隱藏在門房地下的暗哨已經撤走，現在只留下了警衛居住、放哨的崗哨。

民間曾流傳，陽明書屋的山勢地形不利於蔣公在此居住，原因有二，因蔣公是五星上將，但坐南朝北的陽明書屋卻面對著七星山，七星剋五星；另外，與陽明書屋正對的淡水河和基隆河，形似彎弓射箭，弓箭對準的方向，正好是陽明書屋。不管流言從何而來，陽明書屋建成後，蔣公在此所住時間不長，大小事端不斷，加上晚年身體不好，五、六年後即永訣人寰。

林語堂故居

陽明山另有一處人文勝景，坐落在仰德大道二段旁，那就是一代文學大師林語堂博士的故居，是他生前最後十年定居台灣的住所。此房舍興建於民國五十五年，由語堂先生親自設計，採中國四合院的架構，結合西班牙式的建築設計，藍色的琉璃瓦搭配白色的粉牆，牆上嵌著深紫色的圓角窗櫺，兼具東、西方風格，意境典雅精緻。

走進西式拱門，穿過曲折的迴廊，可見透天中庭，廊柱是西班牙式螺旋形，庭園裡花木扶疏，種滿了各種花草植物。林先生對竹、石一向情有獨鍾，所以刻意在中庭一角，營造了一個小巧可愛的魚池，周圍綴以翠竹、楓香、蒼蕨、藤蘿等植物，與造型奇特的石頭。他閒來無事，常坐在池邊的大理石椅上，一邊沉思，一邊看魚兒在池中悠游，而自得其樂。可見他童心未泯，幽默大師的別號並非虛得。

裡頭的餐廳及客廳，如今已對外開放，成爲遊客用餐品茗的地方，明亮而典雅，充滿了家庭的溫馨氣息。推開木門，延伸出的陽台，是林語堂飯後休息的地方。他曾寫道：「黃昏時候，工作完，飯罷，既吃西瓜，一人坐在陽台上獨自乘涼，口銜煙斗，若吃煙，若不吃煙。看前山慢慢沉入夜色的朦朧裡，下面天母燈光閃爍，清風徐來，若有所思，若無所思。不亦快哉！」

這樣優閒、灑脫的心境和身影，彷如中國山水畫中的人物，何等令人羨慕。不過十年之後，便看不到老人家的身影，民國六十五年他在香港過世，後移靈台北，長眠於故居後園中，享年八十二歲。台北市政府爲紀念林語堂先生的文學成就，並得林夫人廖翠鳳女士捐贈大師的生前藏書、著作、手稿及其遺物，在其故居成立「林語堂先生紀念圖書館」，於民國七十四年五月對外開放，供外界閱覽使用。

台北市文化局成立後，爲擴充、活化原有圖書館功能，以「名人故居」及「文學生活館」之方向規劃，委託藝文專業機構經營管理，於民國九十一年全新開館；成爲結合展示參觀、藝文講座、餐飲休憩的多元化空間，完整呈現了語堂先生的思想風格、發明創意、生活態度與文學成就。

作品名稱／迷霧芋園　攝影／宋國承　拍攝地點／台北縣陽明山頂湖

事實上，林語堂不只是文學大師、英文教育專家及語言學博士，他自幼即對科學、機械充滿興趣，也喜歡數學、自然科學及地形學。他曾發明史上唯一的中文打字機，經他命名爲「明快打字機」。以他發明的「上下形檢字法」設計鍵盤字碼。民國三十六年時，他曾以十二萬美元的經費請工程師製造出「明快打字機」，十分輕巧簡便。可惜當時因遭逢內亂，廠商不願生產，林語堂也因此差點破產。

林語堂故居的牆上，掛著他寫的幾句話：「兩腳踏東西文化、一心評宇宙文章、熱愛故國不泥古、樂享生活不流俗」。以之做爲一代文學大師一生的寫照，可說是再適當不過了。

台北人的難忘故事

做爲台灣唯一的都會型國家公園，陽明山國家公園有得天獨厚的自然和人文條件，尤其是緊臨台北都會區的地理優勢，使它得以緊緊扣住時代的脈搏，與現代人的生活息息相關。當人們厭倦都市繁忙而緊張的生活，急欲尋求心靈的慰藉與肉體的鬆弛時，只要驅車上山，不到半個小時的車程，就可投入大自然的懷抱，和陽明山國家公園的天然美景融爲一體，忘卻原本的煩惱和憂愁。它是台北人的後花園，四時的美景，晨昏的雲靄，總能適時地滌盡人們的汙垢，回到原本的清明澄澈，煥發美麗。

從混沌初開的火山爆發年代，到現代人最熱中的泡湯；從採硫磺的遠古歷史，到魚路古道的重新發現；從擎天崗的抗日風雲，到寧靜的牧野風光，古老的年代不斷地融入快速翻轉的歷史。櫻花謝了，泡湯的日本人走了；蔣故總統曾在中興賓館擘畫反攻復國的千秋大業，如今卻吸引了大陸觀光客好奇的眼光。林語堂的著作裡，曾閃爍著天母地區的燈火，現代人也可在他的故居中啜飲香醇的咖啡。

陽明山國家公園有太多台北人的記憶和故事，有太多人永遠難忘的童年時光，只因這兒有太豐富的昆蟲和植物。台北人會老去，但他們記憶中的陽明山國家公園卻能青春永駐，永遠帶給人們快樂和希望。

4.

太魯閣國家公園

——神鬼雕琢的大理石殿堂

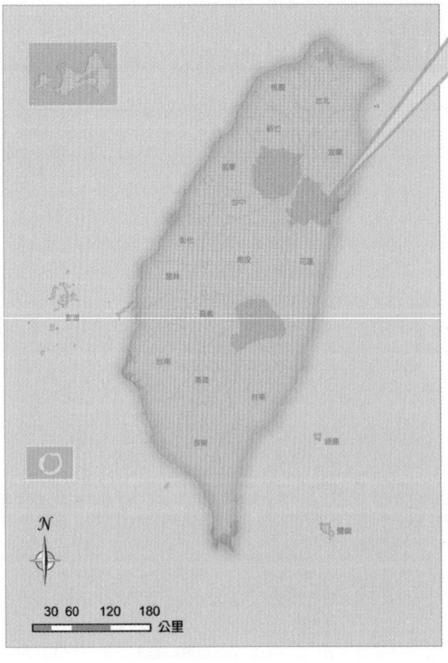

百分之九十以上都是山地，共同構成獨特而完整的地理景觀和生態體系，以立霧溪切割形成的太魯閣峽谷景觀最負盛名。特殊地形還有圈谷、高位河階以及環流丘等等。其間平地至高山植物覆蓋完整，保存了不同氣候帶的生態體系，是野生動物生存、活動最佳的地方。這裡還有史前遺跡、原住民太魯閣族部落，以及古道系統等人文史蹟，人文色彩頗為濃厚，是一個非常適合生態旅遊及環境教育的場所。

太魯閣國家公園成立於民國七十五年十一月，園區橫跨花蓮、台中、南投三縣的縣境，面積九萬二千公頃，是一座三面環山、一面緊鄰太平洋的山岳型國家公園。以中部橫貫公路及蘇花公路爲境內交通的動脈，貫穿太魯閣峽谷，連接了高山與大洋。

群峰競秀、山高谷深，是地形上最大的特色。太魯閣國家公園位於中央山脈北段，園區內地勢高聳，山巒交錯，超過二千公尺的高山面積占全區一半，列入台灣百岳的就有二十七座，境內以南湖群峰、奇萊連峰、合歡群峰、清水山等最著名。

區內的範圍北爲南湖大山，東爲清水斷崖，南接奇萊連峰、太魯閣大山，西以中央山脈副稜接合歡群峰爲界。九十％以上都是山地，共同構成獨特而完整的地理景觀和生態體系，以立霧溪切割形成的太魯閣峽谷的景觀最負盛名。

特殊地形還有圈谷、高位河階以及環流丘等等。其間平地至高山植物覆蓋完整，保存了不同氣候帶的生態體系，是野生動物生存、活動最佳的地方。沿著中橫公路爬升，一天之內便可歷經亞熱帶到亞寒帶、春夏秋冬四季的多變氣候。隨著海拔高度的不同，闊葉林、針葉林與高山寒原等植物景觀也跟著變化。生存其間的各種動物，也讓此區的生態面貌更加豐富。

此外，這裡還有史前遺跡、原住民太魯閣族部落，以及古道系統等人文史蹟，人文色彩頗爲濃厚。由於交通便利、人文資產豐富、地景變化多端，是一個非常適合生態旅遊及環境教育的場所。

中斷的中部橫貫公路

與台灣其他山岳型國家公園相比，太魯閣是一座很容易親近的國家公園，主要的原因是園內有一條國家級的公路，其知名度及壯麗的風光，甚至超過太魯閣國家公園，那就是中部橫貫公路。

中部橫貫公路的興建，是台灣東西交通史上的一件大事，不僅促進了台灣東西兩端之間的交通和建設，對於沿線山地資源的開發，原住民部落的經濟發展，更是居功厥偉，乃至後來發生的土地過度開發和生態環境破壞，而成爲環保人士抨擊最力的地方，中部橫貫公路的功過得失，迄今仍難論定。

因此它與太魯閣國家公園是難以切割的，尤其晚近中橫封山，在當地所產生的經濟與政治上的糾纏和衝擊，至今仍爭辯不休，因此有些路段雖不在國家公園園區，在探討問題的癥結時，仍必須納入考量。

站在公路總局谷關工務段往外望，眼前盡是一座座巍峨的山峰，從大甲溪的沿岸拔地而起，高聳入雲，綿延成一幅巨大的屏風，遮住了絕大部分的天空，而大甲溪就從它們山腳下蜿蜒地流過。

寬闊的河床裸露出空蕩蕩的一片荒野，除了到處堆積的砂石和雜草之外，別無他物，僅在中央的河道上奔流著一道湍急的溪水，在強烈的陽光照耀下，仍顯得汙濁不堪。整個溪谷顯得十分的幽暗，依舊籠罩在地震災後的陰影之中，令人感受到大自然的無常與險惡。

已經十年了，自從九二一大地震後即封閉的中部橫貫公路，至今依然無法暢通，主要的原因即卡在谷關到德基這段路，因歷次颱風水災肆虐，坍塌嚴重，路基流失，經多年搶修，仍未能打通，使得這條橫貫中台灣、通往太魯閣國家公園的交通大動脈為之中斷。

中橫復建的呼聲

一斷就是十年，原本繁華一時的梨山，也從產銷高級水果的重鎮，一夕之間淪為市場的棄兒，從此一蹶不起。十年來對外的交通，或北上走北宜支線，或南下走霧社供應線，經埔里與外界聯繫，必須多耗費五、六個小時的車程，沿線的產業失去了原有的競爭力，當地居民的生計也面臨了難以為繼的窘境。

作品名稱／九曲洞之美　攝影／詹題禎　拍攝地點／花蓮縣秀林鄉九曲洞

作品名稱／水簾洞　攝影／柯煒煜　拍攝地點／花蓮縣白楊瀑布

十年下來，市況一年不如一年，居民們眼看中橫通車遙遙無期，地方產業也無法轉型或提升，對於未來無不憂心忡忡，便有人出面籌組「中橫復建協會」，提出了恢復中橫通車的主張，在地方引起熱烈回響。

九十六年五月，「中橫復建協會」在東勢鎮成立，在該協會積極奔走之下，引起媒體及中央民代的關注，並獲得地方熱烈的回響，已形成一股可觀的力量。該協會的發起人陳德祥今年七十三歲，出生在環山的原住民部落。早年他們族人從谷關到和平鄉都得靠走路，二十多公里的山路，必須花一整天的時間。但民國四十九年中部橫貫公路通車時，他從台中搭車回環山部落，公路局的班車一路疾馳，不到半天就回到了老家。

中部橫貫公路的開通，是梨山一帶的部落劃時代的大事，當地的原住民隨著輔導會在自己的保留地上種植蘋果、水蜜桃和二十世紀梨等高級水果，不到十年時間，果樹茂密成林，梨山也呈現出一番欣欣向榮的榮景，造就了梨山的黃金時代，並贏得了「水果王國」的美稱。直到民國六十八年開放蘋果進口後，梨山才開始沒落。

陳德祥說，假如開放蘋果進口對梨山是霜害，那麼中橫封路便是雪災了。雪上加霜的結果，梨山一帶的果農只能勒緊褲帶過日子。沒有遊客，市場買氣不振，他們終年辛勤，卻都是在做白工。影響所及，梨山周邊的旅館、餐廳等觀光旅遊業也是門可羅雀，產業已經沒有了，只剩下無處可去的原住民住在裡頭，靠過去的積蓄勉強度日，一邊苦候中橫復建後，或許還能給他們帶來一線生機。

和平鄉鄉長陳斐晏，同時也兼任復建協會理事長，談起鄉民所受的待遇，就有一肚子的苦水。她說七百多年前原住民就在梨山一帶生活，好不容易中橫開通後，才改善了他們的經濟，卻又因九二一地震而遭到封山斷路的命運，使他們幾乎難以為生。因此他們強烈提出中橫復建的訴求，為的就是要政府還給他們一個生存的環境。

公路總局谷關工務段段長張明欽回憶說，民國八十八年九二一大地震時，中橫受到重創，多處路段嚴重坍方而被迫封閉。由於災情嚴重，加上有工程人員罹難，便有學者專家建議暫緩復建，當時台中縣長廖永來順應此呼聲，便對外宣布中橫將暫時封路，好讓大地休養生息，早日恢復生機。因此「中橫復建協會」的訴求，在張段長看來並不容易達成。

儘管當地居民和業者的處境令人同情，要求中橫復建的訴求也獲得地方的回響，但關心這個問題的社會大眾若驅車來到這兒，面對眼前破碎的山河和斷裂的公路，大概都會支持封山的主張，讓大地休養生息，才是當前第一要務。

作品名稱／峽谷之美　攝影／劉萬枝　拍攝地點／花蓮縣秀林鄉砂卡礑

作品名稱／合歡容顏　攝影／陳治平　拍攝地點／合歡山

作品名稱／白雲飛舞・杜鵑奔放　攝影／洪正安　拍攝地點／南投縣仁愛鄉合歡山東峰

作品名稱／星雲山間情滿懷　攝影／林建全　拍攝地點／花蓮縣合歡東峰

清境農場與民宿的崛起

中橫台八線的中斷，雖然造成梨山以下沿線居民交通的不便和產業的沒落，但卻意外地造成霧社供應線，也就是俗稱的台十四甲線沿線觀光景點的崛起。最明顯的例子，就是清境農場及其周遭的民宿，已取代了昔日的梨山和福壽山農場，成為中橫遊客的新寵。

民國八十一年，政府推動土地放領，榮民義胞開始自力更生，許多嚮往田園生活的平地人也聞風而來，在青青草原上蓋起充滿歐式風情的農莊，塑造了優質的民宿環境，吸引許多喜愛大自然的遊客前來遊覽、住宿，清境農場也逐漸從農村經濟轉型為觀光產業。

由於成長太過快速，許多生意人看到了這兒的商機，便紛紛上山投資民宿。二、三年之間，各式各樣的民宿像雨後春筍般地冒出來，而被媒體批評為「清境農場已不再清靜」，各種負面的報導也時有所聞。

輔導會早年在中橫沿線開農場，種蔬菜，是為了供應開路官兵的飲食需要，後來引進高山水果，也是不想與民爭利。但後來的發展卻造成了破壞山林生態的事實，迭遭各界批評。這幾年來，包括福壽山、武陵及清境等農場，都已不再種菜或栽植水果，而收回造林，或改爲觀摩教學之用，就是要讓土地復育，防止繼續遭到破壞。

中橫健行隊的歷史身影

從清境農場往上走，便進入太魯閣國家公園。公路一路盤旋上山，經昆陽、武嶺，而達大禹嶺，其中武嶺是台灣公路的最高點，海拔三千二百七十五公尺。兩旁盡是蒼翠的森林，海拔三千公尺以上的山峰林立，氣勢雄偉，令人眼界大開。

中央山脈北段的山峰綿延橫亙，合歡群峰、黑色奇萊、三尖之首的中央尖山、五嶽之一的南湖大山，峰峰相連，綿延到天際，只有身歷其境，才能感受到太魯閣國家公園內群峰崢嶸、山勢雄奇的磅礴與壯觀，也更能體會當年榮民開路的艱辛困苦，因爲當時缺乏大型的機具，大部分工程都是用人力完成的。

大禹嶺標高二千五百六十五公尺，冬天常飄雪，附近的松雪樓是台灣早年滑雪的勝地，每年冬天總有許多遊客來這兒賞雪、滑雪。但最熱門的，則是每年寒、暑假救國團舉辦的中橫健行隊，也是以此爲出發點，一路走到天祥。那壯盛的隊伍，散發著年輕人的朝氣與活力，走在千山萬壑中所引起的回響，已成了三、四、五年級生共同的記憶。

這些記憶是關原、碧綠、慈恩、新白楊、洛韶、西寶、天祥，這幾個地名所組成的，因爲它們就是健行隊中途休息或晚上住宿的地方。白天時大夥兒氣喘吁吁地揮汗趕路，晚上則在團康活動中盡情地歡笑。七天六夜的行程走下來，原本少不更事的年輕人，彷彿脫胎換骨般地都長大了，中橫的好山好水，早在太魯閣國家公園成立之前，就已鐫刻在每個健行者的記憶中，永難忘懷。

中橫健行隊是救國團在民國五十四年時開始舉辦的，原是中橫公路工程探訪營隊，由各大專院校推派學生參加。結果大受歡迎，以後每年寒、暑假都舉辦。營隊及參加的人數也逐年增加，到了八十年間達到最高峰，共辦了五十個梯次，參加的學員逾萬人，可見當時的參與情況是多麼的熱烈！

可是民國八十年後，這股熱潮就逐漸冷卻了，到八十四年時，甚至連起碼的營隊都組不成。救國團眼看盛況不再，年輕人已不再感興趣，便在八十五年停辦，中橫健行隊遂成爲絕響。目前還可看到的，便是自行車隊，沿路不時可看到年輕人騎著單車疾馳而過，或停在路邊喘息，但都是零零星星地，再也看不到健行隊雄壯、威武的隊伍了。

從大禹嶺到天祥的景點

大禹嶺位於合歡山與畢祿山之間，是中央山脈主稜上的鞍部，舊稱「合歡埡口」，是中部橫貫公路主線海拔最高的地方，既是東西段的分界點，也是花蓮、台中、南投三縣的縣界。北側為大甲溪流域，南側是立霧溪流域，剛好位於二者的分水嶺上；同時也是中橫霧社支線的起點，集各種特點於一身，可以看出它在交通及地形上的重要。

當年興建中橫公路時，大部分的路段都是由國軍退除役官兵修築的，只有在大禹嶺施工時，因高山氣候嚴寒，政府高層怕榮民們無法適應，大禹嶺到洛韶這一段路的工程，便改由工兵擔綱，延宕了一年半才完工通車，工程之艱鉅與大禹治水差可以比擬，故取名為「大禹嶺」。

大禹嶺附近的合歡山標高三千四百一十六公尺，山容壯盛挺拔，夏天時山坡上一片碧綠，是避暑的勝地；冬天時大雪覆蓋，白皚皚一片，是台灣少數能賞雪的地方，每年冬天來此滑雪的人潮不斷。山上除了松雪樓之外，救國團也蓋有大禹嶺山莊，供遊客住宿，一年到頭，都有遊客登臨。在這兒可以就近觀賞合歡群峰，素有「黑色山

作品名稱／紅龍　攝影／洪瑋伶　拍攝地點／合歡山昆陽

作品名稱／eye 攝美景　攝影／莊家榮　拍攝地點／合歡主峰

作品名稱／錐麓古道之開路先鋒，攝影／柳志勳，拍攝地點／花蓮縣

脈」之稱的奇萊山也近在眼前，山容崢嶸詭譎，令人不寒而慄，但對遊客卻很有吸引力。

關原一帶因水氣充足，每當陽光普照時，山林間的水氣蒸發後凝結成朵朵白雲，聚集在蒼翠的山巒之間，這就是著名的「關原雲海」。人車經過時，白雲迎面襲來，飄忽不定，彷如行走在雲霧裡。路過碧綠時，有一棵千年大樹，號稱「碧綠神木」，高聳於雲海斷壁之間，遠遠地便可看到它伸展的枝葉。神木屬香杉，高四十公尺，直徑三．五公尺，可供十個人環抱，樹齡已有三千三百年，至今仍枝葉茂密，生機盎然，可說是老當益壯。

以下的慈恩、新白楊及洛韶，各有不同的風格與美景，是當年中橫健行隊最喜歡停留住宿的地點。慈恩終年雲霧繚繞，能見度很低，不利於工程的進行，工程人員渴望天空放晴以利施工，便取名爲「晴崗」；但效果似乎有限，有一次經國先生到此視察，適逢毛太夫人生日，爲了感念慈母養育之恩，便改爲現在的名字。

救國團所蓋的「慈恩山莊」，紅頂白牆，是一棟二層的建築，小巧而溫暖，因此健行隊又稱它爲「愛的小屋」。當年中橫健行隊在這兒夜宿時，人影雜沓，何等熱鬧，但自從停辦之後，這兒已冷落下來，近年來年久失修，日益蒼老衰頹，已封閉不對外開放。

洛韶山莊是一棟西方式的白色建築，昔日中橫健行隊的學生便給它取名爲「中橫白宮」，倒也十分傳神，且顯露出一分尊貴，這是深山中少有的氣息。在當地原住民的語言中，「洛」的意思是水流，「韶」是美麗，當初名爲洛韶，是意指附近有流水，環境優美。事實上也是如此，因爲救國團所屬的「洛韶山莊」周遭有梅林、柏樹環繞，前有一彎流水，景色十分幽靜，也是中橫健行隊常留宿過夜之處。只不過歲月無情，當年學生眼中的「中橫白宮」，已失去昔日風華，門前寥落車馬稀，少有人駐足了。

公路再往下走，便到了西寶。這兒是政府爲開路的榮民弟兄所開闢的農場，爲輔導會擁有經營，一般稱之爲「西寶農場」。共有六個墾區，分爲松莊、蓮池、梅園、竹村、洛韶、溪畔等。名字雖然充滿了詩情畫意，但地處深山，對外交通不便，種植的高經濟價值的蔬果，也因生產成本較高，榮民逐漸步入高齡老化，加上環境保育愈來愈受到重視，農場已不再開發，近年來已轉型爲休閒遊憩產業，經營民宿。由於周遭環境清幽，遠離塵囂，倒是吸引了不少喜歡尋幽訪勝的遊客。

作品名稱／神祕幽谷　攝影／柳志勳　拍攝地點／花蓮縣

作品名稱／合歡雪景 - 日出　攝影／張昭明　拍攝地點／南投縣仁愛鄉

瑰麗的太魯閣峽谷

從天祥到太魯閣，中部橫貫公路已進入尾聲了，天祥距太魯閣約二十公里，立霧溪流貫其間，經過千百年來溪水的沖刷侵蝕，在這兒形成了舉世罕見的太魯閣峽谷。峽谷地形最大的特色便是高低落差極大的峽谷和斷崖，立霧溪湍急地在深不可測的谷底流過，兩岸崇山峻嶺，處處懸崖峭壁，地形極爲陡峭險峻。當年開鑿公路時，可謂鬼斧神工，工程人員不知付出了多少的血汗。假如這是一闋交響樂，這段太魯閣組曲，必然是最令人驚心動魄、壯麗至極的最後樂章。

早在二億三千萬年前，台灣島尚未形成之時，在熱帶與亞熱帶淺海中生長了許多珊瑚礁岩生物。這些生物遺骸膠結在一起，形成了石灰岩，經過七、八千萬年前的南澳造山運動，變成了大理岩。大約四百萬年前，菲律賓海洋板塊與歐亞大陸板塊碰撞而形成台灣，慢慢升起的中央山脈岩層受到風化侵蝕作用而剝離，大理岩因而露出地表。這些大理岩受到立霧溪長期侵蝕下切與地殼不斷隆起上升的影響，終於形成幾乎垂直的V型峽谷。沿著立霧溪的峽谷風景線而行，觸目所及盡是千仞萬丈的峭壁、斷崖、峽谷、連綿曲折的山洞、隧道、雄偉壯麗的大理岩層和溪流等風光。

沿線的著名景點，像天祥、綠水、合流、九曲洞、燕子口、布洛灣、長春祠等，蘊藏在這片曲折幽邈的峽谷之中，更是步步驚魂，柳暗花明，爲這闋大自然的樂章，譜下了最磅礡、壯闊的休止符。遊客來到這兒，面對大自然的神奇，大概只能嘆爲造物主的傑作了。

天祥位於大沙溪和立霧溪匯流處的河階地，舊稱「塔比多」，是太魯閣的一個大部落。日治時代曾設太魯閣支所、學校、衛生所及神社，光復後增設飯店、車站、公園、寺廟、教堂等，逐漸成爲太魯閣國家公園內著名的觀光景點。祥德寺、天峰塔、孟母亭、文天祥公園，乃至救國團的青年活動中心，一一坐落在青山綠水之間，都是登山健行、拜佛祈福的好地方。

往下行，綠水有一座「地質景觀展示館」，展示各種岩石實體，供喜好地質的遊客參觀。合流有著名的「慈母橋」和「慈母亭」。九曲洞因山勢陡峭險峻、曲折百轉，中橫公路在懸崖峭壁間穿梭而過得名。裡頭的「迎賓峽大斷崖」垂直高度近一千公尺，人們縱使舉頭仰望，也難見天日。

到了「燕子口」，兩岸山壁更加突兀崢嶸，山壁內的車道是從岩壁中鑿出來的，裡頭十分幽暗深邃，只靠沿溪的洞口採光與通風。開路之前，有燕子在山壁壺穴中築巢，啁啾之聲不絕於耳，甚爲熱鬧，因而得名。

作品名稱／燕子口　攝影／邱長漢　拍攝地點／花蓮縣新城鄉太魯閣

布洛灣與長春祠

布洛灣南依塔山，北臨立霧溪，二百五十年前太魯閣族人翻過中央山脈，進入立霧溪流域時，即在此聚居。相傳他們的祖先住在這兒時，每逢大雷雨，雷聲會在山谷間引起巨大的回聲，長老們便將此地稱爲「布洛灣」。

民國八十年時，太魯閣國家公園在這兒規劃了一處遊憩區，不論軟硬體的設施或自然景觀，都呈現出太魯閣族原住民部落的風格。裡頭有一座伊達斯廳，以及太魯閣族工藝展示館，入口處有一座太魯閣族婦女的巨大雕像，向遠方的遊客招手，已成了太魯閣峽谷吸引遊客的景點。

長春祠是中横公路最後的景點，是一座仿唐式的古典建築，黃瓦白牆，搭配二座黃瓦紅柱的涼亭，襯托在青山綠水之間，十分醒目。裡頭供奉的是中横公路開闢時殉難的二百一十二位築路英雄，他們的英靈長眠於此，供遊客登臨追思，山水有情，爲此景點更增加一段佳話。

長春祠下方緊鄰著一條開闊的河床，立霧溪向東流到這兒，剛好大轉彎，形成曲流地形，河水經年累月的沖刷溪流外側的坡面，邊坡的土石不斷被流水沖走，河床日益開闊，久之形成一片廣大的河灘。河灘上布滿了細沙和石子，立霧溪潺潺地自沙石間流過。

長春祠遊憩區內還有不少景點，彌陀岩是一座建在山洞內的小寺廟，供奉一尊白石大佛像。禪光寺是一座四層樓高的大殿，氣勢相當宏偉，可供香客掛單住宿，由於環境清幽，非常適合禪修。寺院左側有一座吊橋，可通往太魯閣鐘樓，每當鐘聲響起，總會在山谷間引起回響，深山梵音，充滿了祥和之氣，聞之令人心神愉悅。

長春祠西方二公里處有二座橋，一爲紅色的鐵橋，稱寧安舊橋，長八十二公尺，是當時台灣最長的單孔鐵橋，僅供單向通行，後因交通流量日益增多，不敷使用，乃另建一白色水泥新橋，可雙向通車。二橋之間的橋下，有一座小山洞，裡頭供奉了佛教界的護法神明不動明王。廟雖然不大，但位於二座石屏風岩之間，隔著立霧溪與銀帶瀑布遙遙相望，是上上風水，故神威顯赫，香火鼎盛，神蹟流傳甚廣，連日本人都常不遠千里來此朝拜。

豐富的人文史蹟

太魯閣國家公園內蘊藏著史前遺址、太魯閣族文化及古道系統等豐富的人文史

作品名稱／長春祠　攝影／陳正祥　拍攝地點／花蓮縣中橫

蹟。目前園內及周邊已發現的史前遺址有七處，其中最爲著名並被列入重要紀錄者即爲「太魯閣遺址」，今改稱「富世遺址」，位於立霧溪口，中橫公路牌坊前方約一百公尺的河階地。

富世遺址背山面海，形勢陡峭，仍保持原始的面貌，像一輪彎月的地形，長約三百公尺，寬約三十至五十公尺。民國七十三年由考古學者在立霧溪流域發現，他們在河階地看到八十五塊立於地表並呈現規則排列的單石，幾處石頭堆積成塔狀，形狀很像台灣東部「巨石文化」中的「單石」。距今已有二千多年的歷史，爲新石器時代晚期的遺蹟。

民國七十一年時，考古學家李光國教授在陶塞溪發現一支石斧，二年後陳仲玉教授發現了太魯閣、巴達岡、布洛灣、西寶等遺址，採集到陶片、石器、鐵器等遺物，其中以陶片最多，石器中又以地表單石及石棺板居多。後來劉益昌教授又在布洛灣發現陶器、鐵器、獸骨、獸牙及建築遺跡。因此他們推論，這群史前住民應屬於新石器時代晚期，約在二千年前進入太魯閣地區。

太魯閣族人的母群是泰雅族，早在五千年前就移入台灣，居住在今西部平原一帶，後向東遷移，聚居北港溪與濁水溪上游河岸台階的霧社山區，大約是今仁愛鄉合作村的靜觀部落。後來因爲受到其他族群的威脅及人口增加的壓力，二百多年前開始大舉遷徙。東賽德克群中的三個族群分成三線同時東遷，其中最大的太魯閣群沿著中央山脈西側的合歡支脈一路東行，尋找河階地定居，並且循著合歡越嶺道開拓新的生存空間，最後在立霧溪流域的小台地聚居。後因人口不斷增加，逐漸擴展到其他河階地、緩坡地。大體不脫今天太魯閣國家公園的範圍，目前發現的部落遺址有七十九處，比鄰山水，太魯閣人即在這些地方過著狩獵、捕魚、採集與山田燒墾的生活。

近代太魯閣族人遷移史

日治時代，日人基於殖民統治的考量，於明治四十三年（西元一九一〇年）開始將深山地區太魯閣族的各個部落，遷移到淺山或平原一帶，打散了原有部落，再將不同部落融合成一個村落，新的家屋便不像以往一般呈現分散的狀況，而是在日警的駐在所及蕃童教育所周邊。經過日人安排規劃，形成密集的住屋排列，以便於日人有效控管，使得原本依據血緣、親緣組成的規則受到很大的衝擊，形成以地緣為結合原則的部落。

太魯閣族早期由今秀林鄉的山區逐次向東擴展，其後在和平溪（大濁水溪）下游及其支流北溪、立霧溪、三棧溪、木瓜溪中上游諸流域，建立了居住區域。「太魯閣事件」底定後，大正三年至昭和六年（西元一九三一年）爲「在地理蕃」，日人採取強硬的遷徙政策，迫使族人的部落遷離山區，移至中央山脈東邊的山麓，沿太平洋海岸及台東縱谷西側一帶的地區。

霧社事件發生後，日人鑑於太魯閣族桀驁不馴，恐再生事端，乃於昭和六年（西元一九三一年）起，再次強制住於山區的部落全部遷離山區，移住於平原或下游河谷，本階段爲「集團移住」。並在砂卡礑溪流域的沙卡礑（今大同）、赫赫斯（今大禮）、西拉岸三個部落，及金洋部分住區，規劃爲蔬菜種植區，供移居平地的太魯閣族人種植，使他們的生活更爲平地化，逐漸與漢人混居。

戰後國民政府時期，東賽德克群的部落仍有八次以上規模較大的遷徙，大體而言，多數部落由深山朝淺山、沿河流域及海岸地帶等區域移動，也有部分族人爲了家庭及個人的因素離開部落，前往台灣各地都市討生活。往日在深山結社而居的漁獵生活，已漸去漸遠了。

太魯閣事件

日治之初，日人原本對太魯閣族人採取懷柔策略，對部落的生活和經濟並沒太多干預，雙方倒也相安無事。明治二十九年（西元一八九六年）十二月，日軍新城分遣隊的一名士兵欺負太魯閣族的少女，引起太魯閣諸社普遍憤慨，在漢人通事李阿隆協助策劃下，太魯閣族結合一群勇士，群起攻擊新城分駐所的駐軍，日軍官兵十三人悉遭殺害，是為「新城事件」，使得太魯閣族人與日人的仇隙漸深，埋下了日後抗爭的種子。

明治三十七年（西元一九〇四年），恆春廳長森尾茂助兼任台東廳長，森尾認為太魯閣社的動亂已告穩定，遂讓賀田組在威里社與古魯社經營樟腦業。當時樟腦是相當重要的工業原料，除了是防蟲藥劑的原料，也是火藥和假象牙工業的原料必需品；可以出口賺取外匯，是一本萬利的事業，日本商人對之覬覦已久，無不想盡辦法以取得採樟權。

到了明治三十八年，由於採樟活動侵犯到太魯閣人傳統的領域，再加上日本人對於族人的薪資分配不公，遂引發爭議，雙方衝突日增；終於在明治三十九年（西元一九〇六年）八月一日發生花蓮港支廳長大山十郎等二十五名日本官員被太魯閣人出草的「威里事件」。

事件發生之後，日本總督府為之震驚，決心痛懲凶手，同時改變了綏撫的理蕃政策。翌年一月，日本總督佐久間左馬太確立了「五年理蕃計畫」，對太魯閣族的「北勢蕃」展開嚴厲取締的高壓手段。首先修築第一條隘勇線，以封鎖並孤立太魯閣，縮小其生存空間。之後又陸續修築巴托蘭、七腳川及得其黎等隘勇線，並深入山區調查其居住現況，繪測部落分布圖，完成了軍事行動前的準備工作。

事實上，日本入主台灣後，各地即頻傳原住民抗日事件，佐久間擔任總督的時代，先後推出了「前期理蕃事業」與「後期理蕃事業」。前期完全集中在隘勇線的推進，與通電鐵刺網的架設工作，壓縮了全島原住民的活動範圍，如耕地、獵區急遽縮小，影響到原住民的生計，到處暴發武裝抗爭，也引起官方的武裝鎮壓，至明治四十二年（西元一九〇九年）爲止，各地所發生的武裝衝突事件共有三十六次，血肉橫飛，雙方傷亡無法統計。

大正三年（西元一九一四年）五月，太魯閣人開始進入一段最激烈、最悲慘的歷史。佐久間總督擔任討伐軍司令官，率領數千人的軍警聯合部隊，配備二千八百枝步槍、三十一門各式火炮、八座機關槍，親赴前線督軍，兵分東西二路，以優勢軍力對太魯閣社展開全面性的攻擊。太魯閣各社則動員了三千志士，轉戰山區與日軍激戰二個半月，終因人數、武力懸殊，八月下旬遭日軍鎮壓底定。日軍雖然取得勝利，但也犧牲慘重，總督佐久間在此戰役中墜崖重傷，最後舊傷復發而亡。此即台灣原住民抗日史上著名的「太魯閣事件」。

此後日本總督府對太魯閣社採取了鐵腕政策，連年發動戰爭、強制集團遷移、禁止部落舊有習俗、灌輸日本文化等手段，意圖摧毀太魯閣族的傳統社會文化。太魯閣族人被迫離開了深山的家園，就像一株失根的蘭花，開始了在異鄉的飄零生活，永遠回不了他們精神上的原鄉。

古道的歷史遺蹟

太魯閣國家公園內的古道，也蘊藏著豐富的歷史遺蹟。從仁和至太魯閣間沿清水斷崖的道路，早期名爲北路，於清領時期修築，爲蘇花公路的前身；合歡越嶺古道是日治時期修築的道路，西起埔里，北至大禹嶺，東沿立霧溪到太魯閣，全長五十公里。

太魯閣戰役期間，日軍爲了作戰需求，修築軍用道路，以利於運輸山砲與物資。戰爭結束後，到了昭和七年（西元一九三二年），日人爲了方便聯絡花蓮與台中，再擴建爲一條寬一．八公尺的聯絡道，每隔約四公里設置一處駐在所。翌年從花蓮卡拉寶部落向西延伸二十四公里，設置碧祿、關原、合歡三處駐在所；從台中州梅峰開始，向東延伸十八公里，分置了櫻峰、合歡山、石門三處駐在所，三年後完工。這便

作品名稱／合流吊橋　攝影／彭雲祺　拍攝地點／合流營地

是今日合歡越嶺古道的路線，與中部橫貫公路的路線相去並不遠，兩者上下相差不過數百公尺。

合歡越嶺古道的某些路段已經成爲中橫公路，有些則在中橫公路的上方。目前路況最好的是綠水到合流這條步道，路面平坦，來回只需一個小時。至於錐麓古道，指的是從燕子口到慈母橋這一段。全長約十公里，海拔高度在七百公尺左右。有一段路經過三角錐山大斷崖，可以看到立霧溪在底下奔流而過，非常的壯觀、雄偉。

燕子口對面山壁的上方有一個台地，稱爲巴達岡，以前是太魯閣族的一個大聚落，也是合歡越嶺道上一個重要的中繼站。巴達岡是當年往來塔比多（今天祥）、新城間旅客住宿的驛站，日軍在此設有駐在所，附近有俱樂部、教育所、倉庫、療養所和交易所，旅人來來去去，曾經非常熱鬧、繁華。

錐麓古道東起巴達岡，西至慈母橋，全長十．三公里。行走其間，俯瞰太魯閣峽谷，巍峨聳立、壁立巉巖。原屬合歡越嶺古道之一部分，日治期間爲了理蕃，強徵太魯閣族壯丁築路，遇懸崖峭壁，無路可走時，便強令族人以繩索綑綁腰際，自崖頂垂降，一斧一鎚，埋設炸藥，始將小徑拓寬至日後規模，回顧這段古道開鑿的歷史，宛如一部原住民的心酸血淚史，令人爲之噓唏不已。

目前錐麓古道是太魯閣國家公園內唯一的史蹟保存區，也是合歡越嶺古道全線保存最爲完整的一段，沿途尚存有部落遺址、紀念碑（斷崖駐在所舊址）等具歷史文化史蹟。也因人跡罕至，自然生態還能完整保留，包括區內許多台灣特有種植物。

太魯閣事件後，日人繼續清理這條道路，十餘年間都只做爲戰備及理蕃，後日人發現此路深具山岳、溪谷、林相及斷崖的山林美景，才於昭和元年（西元一九二六年）開放供大眾登山健行，並全面進行整修，歷時十年完成，成爲當時最吸引人的登山道路。

中部橫貫公路開鑿時，也沿著這條古道，過程同樣艱辛。但自從民國四十九年中橫公路通車後，古道即逐漸荒廢，目前只殘留部分路段，其餘的已成爲荒煙蔓草，被荒遠的歲月掩蓋，無從辨識原本的面貌了。

淘金的故事

自古以來，立霧溪便一直流傳著產金的傳說，使得這一條原本就十分神祕的河流，披上了閃爍的金光，增添了更多傳奇的色彩。四百多年來，在黃金致命的吸引力下，一波波淘金的人潮前仆後繼，不斷湧進立霧溪沿岸，懷抱著一夜致富的夢想。可惜事與願違，這個夢想始終不曾實現，一直到民國五十年代，政府發出禁令，淘金夢

作品名稱／九曲洞　攝影／邱長漢　拍攝地點／花蓮縣新城鄉太魯閣

碎的冒險家才逐漸消聲匿跡。

太魯閣地區的採金歷史，最早可追溯到十七世紀，從荷蘭、明鄭、清領、日治時期到國民政府，歷年來的史料都不乏「哆囉滿產金」的記載。根據考古學家推論，「哆囉滿」應是今日秀林鄉和仁到崇德一帶的蘇花海岸，而最早在這兒淘金的人，應該是在一千二百年前，住在立霧溪中、下游一帶的「布洛灣類型十三行文化人」。

但大規模的採金，卻始於大正五年（西元一九一六年），日本政府開始在立霧溪下游開採砂金。經過十八年的探勘，才在中游發現黃金礦脈，也在這時日本政府才開放民間申請淘採砂金。在金子的誘惑下，申請者十分踴躍，台灣總督府還特別開闢了一條「產金道路」，準備大規模的開採，不料這時卻爆發了太平洋戰爭，由於戰局迅速逆轉，一切以支援戰爭爲先，採金計畫很快地被迫中斷。

台灣光復後，退輔會接收了立霧溪出海口採礦權；屏風山金礦採礦權則由私人公司申請取得，但因所出產的砂金品質不佳，開採成本日增，獲利情況不如預期。後來又發現淬取金礦的廢水會汙染立霧溪，破壞當地的生態環境。基於環保政策的考量，政府便將屏風山的金礦區劃入太魯閣國家公園，明令禁止開採；加上出海口所獲致的金礦價值不敷成本，也於民國八十年停止作業，使得淘金的熱潮急速冷凍，長達四百年來的這頁立霧溪的淘金史，於此終告落幕。

偶爾在颱風過後，還可以看到居民帶著鐵盆及簡易的篩具，在出海口上下打撈。那零零落落的身影，宛如迴光返照，立霧溪上曾經風光一時的淘金歲月，已一去不回了。

太魯閣族的傳統文化

太魯閣族人原居住在現今南投的霧社、靜觀、盧山等地，由於人口增加，耕地、獵區及居住地不足，乃於二百年前大舉遷徙，越過中央山脈，進入到立霧溪流域結社聚居。他們原來被劃歸於泰雅族中的賽德克亞族，語言、生活習慣和台北、新竹、桃園等地的泰雅亞族差異甚大，經過多年爭取，民國九十三年終於正式獨立爲太魯閣族。

太魯閣族人東遷之後，逐步在立霧溪沿岸建立七十九個部落，大多數的部落都建在立霧溪沖積出來的平坦河階地上。他們在部落中以耕種、狩獵爲生，生活所需都取自於太魯閣這片美麗而豐饒的山林，因此他們與山林緊緊相繫，早已成了生命共同體。

太魯閣族的傳統文化中，男性和女性分工非常清楚，各有工作與職責。男人負責打獵、籐編和粗重的農事；更須抵抗外敵、出草，砍外族的人頭回來祭祀。而女人則負責織布、家事和耕種，織布更是女子從小就必須學會的技能。因此男人打獵，女人織布，是天經地義的事，也是太魯閣族傳統社會中衡量一個人能力的標準。

紋面是太魯閣族傳統的重要習俗，也和族人具備的打獵與織布能力有關。每個男生或女生到了七、八歲時，長輩都會在他們的額頭刺上「額紋」，代表大家是同一個族群。長大到十五、六歲時，男子若孔武有力，精於狩獵，驍勇善戰，就有資格在下巴紋面，稱爲「頤紋」；同樣的，女子若賢淑善織，便可以在兩頰紋上「頰紋」。

頰紋和頤紋代表年輕人的能力和表現受到部落的肯定，是一個人成熟的象徵，如此才有資格結婚，此後必須要擔負起生兒育女、照顧家庭社會的責任。而在男女關係之間，傳統祖靈的信仰及恐懼深植於人心之中，因此族人有著極嚴格的規範，不允許未婚的青年男女或已婚的人有越軌的行爲或動作。

太魯閣人的求婚儀式，必須先徵得女方同意後才能舉行，求婚的同時要議定男方的聘禮、工作天，及女方的嫁妝。婚禮通常在新郎的家中舉行，儀式開始時，先由媒人手持一瓢水，向神靈祈禱；雙方主婚人將食指放在水中，表示雙方愛情堅貞，永不後悔。太魯閣人相信生育是由鬼靈所主宰，因此有種種的禁忌與祈禱的方式，都是爲了祈求鬼靈，賜予他們小孩。嬰兒出生後，父母用竹刀將臍帶切斷，並將胎盤埋於床底下。嬰兒生下後，由祖父或其父親爲嬰兒取名，小孩名後連其父名，也有少數連母名的，以示有血統的關係。

傳統信仰與祭儀

太魯閣族的傳統信仰，即是祖靈信仰，是一種以祖靈爲中心的集體意識。巫師的醫療行爲與祭司的祈福儀式，是部落裡最重要的傳統習俗，原本的出發點是以疾病的治療爲基本觀念，進而延伸到祖靈祭典、公祭、私祭的傳統領域。

太魯閣人認爲，世界上所有的疾病、災難，都是神鬼責罰與觸怒祖靈所造成，因而必須供拜祖靈。這個傳統的醫療制度所制定的儀式，事實上是象徵著與祖靈的溝通，以取得祂們的諒解，心靈得到慰藉後，病人的疾病也就不藥而癒了。

祭司會在固定時節，指導族人依祖先的慣習舉行祭儀，按傳統的農作週期播種、收割，並負責在祭典中向祖靈祈求農作豐收、出獵成功、族人平安。女巫的任務是在疾病及災害發生時，施法判明疾病及災害的原因。

每年七月小米收割後，是太魯閣族祖靈祭的重要季節。確定的時間由頭目或長老召集會議決定。祖靈祭當日天未亮時，部落裡的男人必須先到達祭場，每人手中拿著插有黏糕和豬肉的竹棒，做爲奉獻祖靈的供品。祭典結束，必須當場就把祭品吃完，沿途必須越過火堆，表示已與祖靈分離，這才可以安心返家。

豐富多變的地質、生態景觀

立霧溪切鑿形成的太魯閣峽谷，是一部讓人嘆爲觀止的地質史，它的前身是海底沉積物經過多次高溫、擠壓變質，以及四百萬年前造山運動抬升、河水下切，才逐漸形成。由於大理岩的肌理緊密、不易崩落，經立霧溪豐沛的溪水下切侵蝕，歷經數千年來歲月，終於在這兒造就了世界級的峽谷景觀，人們才得以一窺大自然的神奇奧妙，以及鬼斧神工般的磅礴力量。

立霧溪發源於奇萊北峰與合歡山之間，東北向流經關原後，便一路向東直奔太魯閣峽谷，在花蓮北方的新城注入太平洋出海，全長五十五公里。沿著立霧溪行走，有許多蜿蜒如蛇形的河道，在地質學上稱爲「曲流」。流水挾帶的砂石容易在此堆積，逐漸形成緩斜的坡面，與此同時地殼上升的運動，也使得河床繼續提高，導致河流向下的侵蝕作用加劇，原本的堆積坡面便形成高度不同的河階地，吸引原住民遷入定居，逐漸成爲聚落。他們在這兒開墾，到溪底從事漁撈，原住民的文明就此不斷發揚擴大，代代繁衍、流傳下來。

由於園區內山高谷深，容易產生雲海、霧氣、彩霞、雪景等特殊天象景觀，使太魯閣國家公園充滿靈氣與神祕感。同時每座高山都受到生殖隔離的作用，成爲生態獨立的高山島嶼，加上高落差的地勢，造成亞熱帶到亞寒帶氣候垂直分布，滋養種類繁多的動植物，以及許多珍貴的特有物種。

太魯閣國家公園的森林茂密原始，園區涵蓋海濱到高山的變化，落差三千七百四十二公尺，複雜多變的氣候、地形及植群，據統計，有一千五百多種植物分布其間，成爲野生動物的重要棲息地。台灣八成以上的留鳥、半數的陸生哺乳動物、二百五十種蝴蝶，以及數以萬計的昆蟲種類，都曾經在園區裡出現。

植物中又以生長在石灰岩環境的植物最爲特別，像太魯閣繡線菊、太魯閣小米草、清水圓柏等等，都是太魯閣國家公園僅見的特有種類。南湖大山群峰也是台灣高山生態最豐富的地區之一，每年的雪季有四個多月，高冷的環境很適合高山動植物生存，因此保留了許多特有及罕見的種類，石灰岩植被和高山植物，可說是太魯閣國家公園最具代表性的植物資源。

在哺乳動物方面，園區內有二十五種，主要分布在南湖溪、中央尖溪等集水區，以及奇萊山、太魯閣大山等高山地區。包括台灣獼猴、台灣野兔、台灣野豬、台灣條

作品名稱／山光水影　攝影／黃基峰　拍攝地點／花蓮縣秀林鄉砂卡礑步道

紋松鼠、白鼻心、山羌等。除了這些人跡罕至的原始林外，還有許多野生動物出沒在園區的每一角落，甚至在一些幽靜的步道或夜間的公路兩側，遊客常會與這些不速之客打個照面，而帶來一絲意外的驚喜，拜國家公園之賜，人與野生動物的距離，眞的是愈來愈近了。

保育生態，永續經營

太魯閣國家公園管理處位於太魯閣牌樓入口右側的山坡上，該山坡屬立霧溪北岸的台地，管理處的紅磚建築即坐落在一片青翠的草地上，紅牆綠地，花木扶疏，十分醒目。它成立的宗旨，即在保護園區內珍貴的地理環境、自然資源或文化資產，免於受到人爲的破壞。

台灣從四十年代開始發展經濟，五十年代逐漸進入工商業社會，爲了加速經濟的開發，交通建設成了首要之務，除了縱貫鐵路和西部平原精華區的公路網四通八達之外，橫貫中央山脈的三條公路也次第興建，最先完成的便是民國四十九年通車的中部橫貫公路。

它的完成是台灣交通史上劃時代的進步，對台灣中部山區及東部經濟的繁榮和發展居功厥偉；然而很不幸的，也爲當地的生態環境帶來了浩劫。土地遭到濫墾，森林遭到濫伐，野生動物消失蹤跡，原本的好山好水，珍稀的生物多樣性，不到十年之間已面目全非，幾乎被破壞殆盡；加上當時規劃中的立霧溪水力發電和崇德礦場等重大的經濟開發計畫，可能衝擊當地的生態環境，在社會上引發強烈的爭議。太魯閣國家公園的成立，就是爲了平息這些紛爭，保護園區內美麗而珍貴的山林和峽谷等自然資源和人文資產，讓它們休養生息，回復生機。

太魯閣國家公園管理處解說員林茂耀說，依照國家公園法分區管理的規定，生態保護區、特別景觀區與遊憩區是不一樣的，前二者是爲了保護野生動物或珍貴的地質、地形、景觀及生態，生態保護區需經申請方可進入；遊憩區內則可以適度興建公共設施或民宿。太魯閣國家公園成立之後，首要的任務是要求轄區內放慢開發的腳步，並力圖恢復原狀。

他認爲，梨山及清境農場都是中海拔地帶，原本應是一片茂密的針葉與闊葉混合的原始林，野生動物最多，生物多樣性也最豐富。但是中部橫貫公路通車後，梨山開始種水果，清境農場開始蓋民宿，人爲的破壞愈來愈劇烈，假如提早規劃爲國家公園，以上的開發行爲都可以依法制止，台灣中部的高山就不會淪爲今天這種千瘡百孔的模樣了。

作品名稱／氣象萬千　攝影／陳治平　拍攝地點／合歡山

他並舉興建中部橫貫公路爲例，不管是出於國防或經濟上的考量，都是四、五十年代思維下的產物。一方面認爲人定勝天，再艱鉅的開發工程都可以憑人爲的技術或力量克服；再來則是大自然的資源是要爲人們使用的，不善加利用，是暴殄天物。因此政府投入大量人力與物力，築路修橋，大舉開發山林中的資源，而且以開發的成果，來印證人定勝天這句顚撲不破的至理名言。

直到七十年代十大建設完成之後，因經濟開發所帶來的環境破壞和汙染的問題不斷發生，而且日益嚴重，在環保人士的抗爭和呼籲下，國人才驚覺環境保育的重要，使得環保意識逐漸抬頭，政府和企業這才開始重視環保的議題。因此日後批評中部橫貫公路的興建，是破壞台灣山林生態的殺手，並不十分公允。

林茂耀的結論是，從中部橫貫公路的身上，我們可以看到不同時期人們對待環境的不同觀點。即使同樣是修築高山公路，中部橫貫公路是用人力和簡易機具施工的，到了興建新中橫乃至晚近的雪山隧道時，已經大量使用大型的機具和威力強大的爆破，這對大地的傷害當然有程度上的區別。

不管有何差別，中部橫貫公路對中台灣山林生態的破壞，卻是有目共睹的事實，「人定勝天」的迷思，也不敵歷年來颱風水災的考驗，最後終因九二一大地震導致封山斷路的結局，不啻是這句名言最大的諷刺。

發展山林生態旅遊的契機

太魯閣國家公園管理處處長游登良，本身就是生態學者。據他長期觀察的結果，認爲太魯閣國家公園是台灣地質及自然生態的縮影。園區涵蓋了熱帶、亞熱帶、溫帶、寒帶等不同的氣候環境，造就出多元且繁複的林相，從闊葉林、針闊葉混合林、針葉林到高山草原都有，因此形成歧異且繁雜的動物棲息環境，從而孕育了種類及數量都非常可觀的動物；加上太魯閣峽谷瑰麗奇險、峥嶸突兀的地質景觀，使得太魯閣國家公園成爲一座蘊藏豐富的大自然生態博物館，也是一個生態觀察的樂園。

在人文史蹟方面，更是淵遠流長。早在石器時代，太魯閣地區就有人類活動，屬卑南和巨石文化的史前住民，接著又有平埔族移入。二百年前泰雅族人越過中央山脈進入太魯閣地區，趕走平埔族後，成爲本地的太魯閣族。日治時代日人強迫太魯閣族人遷徙下山，中部橫貫公路興建時許多榮民落腳於此，成爲太魯閣的新移民。他們的思想語言、生活習慣、宗教信仰完全不同，經過一代一代的相處與融合，終能和平共存，並且發展出獨特的住民文化。

作品名稱／別有洞天　攝影／胡彩鳳　拍攝地點／花蓮縣秀林鄉太魯閣燕子口

人與自然的相處之道

如此豐富多元的住民文化與部落遺跡，與雄偉壯麗的自然景觀結合在一起，已成了台灣最具代表性的觀光勝地。因此中部橫貫公路應重新定位為「山林生態遊憩道路」，將沿線的山林當作台灣東西兩側城市重要的水源涵養和野生動物的保護區，配合東側太魯閣國家公園的保育與遊憩發展，打造一條國家級的景觀道路和地質生態公園，才是整個太魯閣國家公園未來發展的願景。

內政部國家公園管理處處長葉世文，歷任玉山、陽明山及太魯閣三個國家公園的處長，對國家公園的歷史發展知之甚詳，他在〈國家公園的理想與實踐〉一文中曾表示：台灣地小人稠，國家公園設立時正逢經濟開發與環境保護的爭議最激烈的時候，要發展國家公園，本來就困難重重；而公路經過國家公園的核心地區帶來的「人類的方便」與「自然的不方便」，更是玉山及太魯閣二座國家公園在管理上的一大挑戰。

在過程中，我們看到了國家公園未來的希望，不管結果如何，人與自然之間的相處之道，已是國家公園未來重要的課業。

5.

雪霸國家公園

觀霧雪見桃花源——

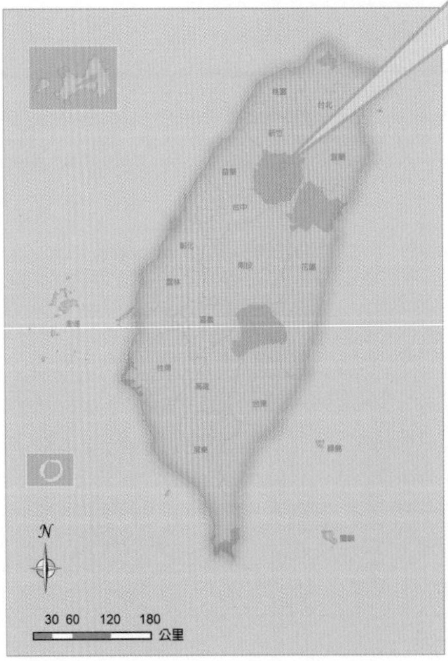

由於地形變化多端，地質構造殊異，誕生了許多氣象萬千、雄奇壯闊的景致。如雪山圈谷、東霸連峰、布秀蘭斷崖、品田山褶皺及鐘乳石等，宛如鬼斧神工，令人讚嘆。加上地質年代以來的稀有植物，及台灣櫻花鉤吻鮭、寬尾鳳蝶等珍稀保育類動物，為大自然增添了無窮的奧妙和魅力。而大霸尖山是泰雅族的發源地，也是賽夏族傳說中的祖先發祥地，這裡成了族群匯集的區域和向外遷徙的重要孔道。

雪霸國家公園成立於民國八十一年，是台灣第五座國家公園。面積七萬六千八百五十多公頃，山高谷深、風景雄偉壯麗，區內超過三千公尺的高山有五十一座，其中名列台灣百岳的有十九座，涵蓋雪山山脈最精華的部分，以及大甲溪和大安溪流域。

由於園內地形變化多端，地質構造殊異，誕生了許多氣象萬千、雄奇壯闊的景致。如雪山圈谷、東霸連峰、布秀蘭斷崖、品田山褶皺及鐘乳石等，宛如鬼斧神工，令人讚嘆。加上地質年代以來的稀有植物，及台灣櫻花鉤吻鮭、寬尾鳳蝶等珍稀保育類動物，爲大自然增添了無窮的奧妙和魅力。

崇山峻嶺，人跡罕至，是雪霸國家公園的遊憩特性，也因此得以保存了自然原始的風貌，少有人爲干擾。區內以武陵、觀霧及雪見三個遊客中心爲門戶，提供各項遊憩資訊及解說服務，是遊客探訪園區最佳的起點。

雪山山脈是台灣第二大山脈，它和中央山脈都是五百萬年前的造山運動中推擠形成，由歐亞大陸板塊堆積的沉積岩構成。園區以雪山山脈的生態景觀最爲珍貴，其中最著名的即爲大雪山及大霸尖山，雙峰雄峙，高聳雲天，是園內的兩大地標。

雪山是台灣的第二高峰，標高三千八百八十六公尺，大霸尖山標高三千四百九十二公尺，由於山形特殊，素有「世紀奇峰」之稱。雪山到大霸尖山的稜線綿延十餘公里，山巒起伏，巨峰林立，驚險壯麗至極，具有豐富的地質、地形景觀，被山岳界尊稱爲「聖稜線」。

聖稜線和鄰近的武陵四秀，在氣象和地景上詭異多端，變化莫測。動植物生息繁榮，生物多樣性的保存最爲完整。其中有規劃完善的步道系統，成爲體驗自然、環境教育的最佳登山遊憩路線。

大霸尖山向南延伸的人字狀稜線，是雪霸國家公園內主要河流的分水嶺，可分爲四大流域：包括東北方的淡水河集水區，是標準的河谷地形；東南側是大甲溪流域，有七家灣溪、司界蘭溪、志樂溪以及匹亞桑溪等支流，爲台灣最具規模的溪谷；西部爲大安溪流域，支流有馬達拉溪、雪山溪、北坑溪、南坑溪，範圍遼闊，占了園區一半面積；西北隅則屬頭前溪上游領域。高山上豐沛的雨水，誕生了一條條的小河，並匯集成爲台灣的四大水系。雪霸國家公園因此孕育出台灣北部及中部居民賴以爲生的水源。

複雜的地形及多變的氣候，主宰並豐富了這片山林的生命，從海拔七百多公尺的大安溪河谷，到海拔三千八百多公尺的雪山主峰，雪霸國家公園地勢落差達三千多公尺。氣候也從亞熱帶到亞寒帶垂直分布，使得森林的組成和林相變化多端。除了海岸植被之外，涵蓋了低海拔到高山所有的植群類型。其中包括玉山圓柏林、冷杉林、台灣擦樹純林等，都非常獨特、罕見。

目前園區內雖已無原住民族居住，但大霸尖山是泰雅族的發源地，也是賽夏族傳說中的祖先發祥地，而成了族群匯集的區域和向外遷徙的重要孔道。人數較多的泰雅族人多散居於海拔一千公尺至一千五百公尺、適於耕種與狩獵的山麓與河階地，文化中最具特色的首推紋面傳統；賽夏族則分布在五百至一千公尺之處，以充滿神祕色彩的矮靈祭著稱。

此外，距今三千五百年前園內即有繩紋陶文化進入，最具代表的就是七家灣遺址。民國八十八年，武陵農場進行第二賓館的建築工程，在整地時無意間發掘了三千三百年到四千年前史前人類居住的遺跡。這項考古上的重大發現被台灣考古界正式命名為「七家灣遺址」。

七家灣遺址至少包含了兩個文化層，一是距今將近四千年，屬新石器時代中期到晚期的遺址；另一爲比較新的文化層，則距今約一千二百年。可說是台灣發現海拔最高的新石器時代遺址。根據考證，當時住在這裡的史前人類，以農耕爲主要的生活方式，他們會使用石鋤耕作，也會用石製網墜捕魚，而他們捕捉的魚，很可能就是現在的國寶魚──台灣櫻花鉤吻鮭。

作品名稱／枯木　攝影／鄒文崧　拍攝地點／雪山主峰

探索大甲溪的源頭

如前所述，大甲溪流域爲台灣最具規模的溪谷，它的上游七家灣溪是台灣櫻花鉤吻鮭洄游之地，而七家灣遺址又是繩紋陶文化最高的遺址。不管是要探索雪霸國家公園的文化或生態之始，都得走一趟大甲溪的源頭，我們即是抱著這種好奇的心理，翻山越嶺，來到雪霸國家公園。

武陵農場是雪霸國家公園的門戶，也是攀登雪山的入口。春天時桃、李、櫻花盛開，紅白相間，落英繽紛，美不勝收。但我們無心觀賞，直接把車子開上雪山的登山口，大家把登山裝備全穿上身，揹起背包正式踏上行程。

二公里的山路，卻走了二個小時才到達七卡山莊，這是我們頭一晚的歇腳地。外觀雖然十分簡陋，但仍有廚廁等設備，在二千公尺的高山上能有這樣的棲身之所，已是登山客心目中的天堂了。

第二天大家用過早餐，又揹上沉甸甸的背包出發。當天的行程是此行最艱難的一段，共有六公里長的山路，中間還有一道極陡峭的山坡，號稱「哭坡」，顧名思義，連登山的好漢遇上它都免不了要淚涕四溢，就知道其艱苦的情況。

哭坡之所以難走，除了地形陡峭之外，那曲曲折折的羊腸小徑上，盡是坡上滑落下來的石塊碎片，就像一條堆滿石頭的水溝，路基極爲不穩，加上剛下過一場大雨，土石濕滑，走二步退一步，眞是狼狽不堪。大家汗如雨下，走走停停，終於攻上那道陡坡。

下午三點登上雪山東峰，海拔三千二百公尺，原本是個展望良好的地方，可以環視武陵四秀及中央山脈，不過因爲煙雨濛濛，視線不佳，我們什麼景觀也看不到，只好悵然下來，繼續往前邁進。一路雨仍下個不停，四點多時，終於到達三六九山莊。入夜之後，寒氣襲人，大家受不了，便紛紛鑽進睡袋去睡覺。

第三天一大早，天還濛濛亮，就有人在屋外不斷高聲喊著：下雪了。山莊前的空地及周遭的箭竹林上都披覆著雪花，白茫茫的一片。用過早餐，嚮導要我們將防寒的衣物都穿在身上，外面再加上一件雨衣，這才從山莊左側的小徑朝甘木林山出發。四周盡是與人等高的箭竹林，我們一行很快地沒入其中，每個人的身上和背包上也是一片雪白。

甘木林山是雪山山脈的一支，海拔三千六百六十六公尺，上面有一座原始的冷杉林，面積廣袤，幾乎覆蓋了整座山頭，據說是台灣面積最大的冷杉林，枝葉茂密，連陽光都不容易穿透，因此又被登山界的人士稱之爲「黑森林」。裡頭有一座水池，據聞就是七家灣溪的源頭，也就是我們今天要去探訪的目標。

作品名稱／山林不朽　攝影／陳得康　拍攝地點／雪山主峰

作品名稱／霧楓　攝影／程文鐸　拍攝地點／台中縣和平鄉

作品名稱／糾纏　攝影／鄭其松　拍攝地點／雪山主峰

「黑森林」果然十分幽深，我們在裡頭銜枚疾走，積雪已有十幾公分，已分不清哪兒是路徑，哪兒是斷崖。尤其經過一段叫「石瀑」的地方，整片山坡都是斗大的石塊，像瀑布一般從上面堆疊而下，步行其間，連個踩腳的間隙也沒有，完全得靠登山杖支撐才得以通過。

千丈懸崖之下，七家灣溪深不見底，無從追溯其蹤跡，幸好嚮導的經驗十分豐富，憑著敏銳的嗅覺，終於帶領我們找到七家灣溪，也就是大甲溪的源頭。我們雖然都很興奮，卻不敢久留，因為氣溫愈降愈低，整座黑森林已成了一座冰宮。

獨特的高山地形

第四天早上，從三六九山莊一覺醒來，擁抱我們的竟是久違的陽光，原本一片白茫茫的積雪，奇蹟似的在一夜之間全部融化消失了。我們輕裝簡騎，沿著原路下山，來時隱身在雲霧之後的高山美景，都在陽光的照耀下露臉現身了。

尤其當我們重返雪山東峰的觀景台，與解說牌上的導覽圖相對照，眼前每一座都是赫赫有名的大山，由西而東，分別是雪山主峰、雪山北峰及品田山、池有山、桃山、喀拉業山等所謂的「武陵四秀」。再過來是中央尖山、南湖大山、奇萊山及玉山。一座座巨大的峰巒聳峙，峰峰相連，綿延到天邊，眞是壯麗至極。嚮導並一一指著告訴我們，台灣六大河流的源頭其實也清晰可辨。

由於受到淡水河、大安溪及大甲溪等河流侵蝕，雪霸國家公園內的高山地形地質景觀十分獨特。境內三千公尺以上的高峰超過五十座，露出的岩層爲第三紀始新世至中新世的變質岩，變質的程度由東南向西北漸減。岩類包括砂岩、頁岩及板岩，由於受到歐亞大陸板塊碰撞的影響，褶皺及高角度的逆斷層爲最常見的地質構造。

最明顯的便是品田山，其岩層的紋理即是造山運動時地層受劇烈擠壓所留下來的珍貴紀錄，雪山圈谷地形則是冰河曾來過的擦痕。其他如東霸連峰、布秀蘭豆腐岩、斷崖、鐘乳石、沖積扇等，皆顯示了此地獨特的高山地形地質景觀，令人怵目驚心，也令人讚歎不已。

雪山山脈是雪霸國家公園的背脊，呈東北向西南走向，由台北縣三貂角起，向南至雪山主峰的最高點，再由此向南延伸至濁水溪的北岸，全長約一百八十公里，由於受到淡水河、大安溪及大甲溪等河流的切割，形成以雪山主峰爲主之放射狀支稜走向。

由於脈絡分明，從空中俯瞰十分清楚，可區分爲雪山主稜線、南稜線、北稜線、北東稜線（即武陵四秀）、東南稜線及東稜線。主稜線由雪山主峰向小雪山延伸，全長約二十二公里，以雪山圈谷地形最爲特殊，大小圈谷共有三十餘處；南稜線又稱雪劍線，由雪山向南延伸，高低落差甚大，因此坡地也特別大；北稜線上的北邊有世紀奇峰大霸尖山，南有雪山，是雪山山脈中最險峻的一段稜脊，也是山岳界著名的聖稜線。由於攀登十分驚險困難，其中以穆特勒布山的順層斷崖、品田山西側的大斷崖及素密達斷崖最爲險峻，對山友一向有致命的吸引力。

豐富的動植物生態景觀

北東稜線即武陵四秀，每座山岳是三千公尺以上的大山，也是山友們的最愛。東稜線由主峰向東延伸，經東峰下降至武陵農場的七家灣溪，是攀登雪山主峰最便捷、也是最大眾化的一條路線，我們探索大甲溪的源頭走的就是這條路。至於東南稜線的落差並不大，山勢較平緩，林木茂盛，綠草如茵，遠望好似一片高山公園。

雪霸國家公園的海拔高度落差達三千公尺，氣候涵蓋了冷溫帶、暖溫帶及亞熱帶，植物的分布帶也涵蓋了這三種氣候型態而有所不同。闊葉林、針闊混合林、針葉林到山頂的高山寒原，植被的連續性變化展露無遺。只要到這兒走一趟，就可以充分地體會林相的豐富與美麗。

在天然植物方面，有屬於高山草本植物的雪山翻白草、玉山佛甲草等；屬於高山矮灌木叢的玉山圓柏、玉山小蘗等。在森林植被方面，海拔最高的有冷杉林，分布在七家灣溪上游和雪山主峰谷地，高度在三千五百到三千七百公尺之間。前文提到我們曾深入的「黑森林」即屬於此種林木。

鐵杉林位於稍下方，高度二千五百到三千五百公尺之間；松林在更下方，高一千到二千五百公尺之間，以台灣二葉松、華山松為主要樹種，七家灣溪、司界蘭溪及志樂溪沿岸都有大面積的植栽。檜木則分布在一千五百到二千五百公尺之間，主要樹種有台灣國寶紅檜和台灣扁柏林等。

至於常綠闊葉林和落葉闊木林，則分布在二千五百至一千公尺之間，位於中部橫貫公路、武陵農場及觀霧一帶，主要有台灣赤楊、台灣木察樹及紅榨槭等。低海拔的次生林分布在一千公尺以下，如五節芒、銀合歡、無患子等。在嚮導的解說下，我們邊走邊看，倒也吸收了不少地質和植物的新知。

在動物生態方面，雪霸國家公園也十分豐富。雖然途中我們並沒有看到，但從學者所做的調查報告或出版品中，仍可以一目了然。園內有五十六種哺乳類動物、一百一十五種鳥類、三十七種爬行類、十六種兩生類、十七種淡水魚，以及一百七十種蝴蝶。其中還有許多保育類的動物，如櫻花鉤吻鮭、台灣黑熊、帝雉等。

這五十六種哺乳類動物，占了台灣所有哺乳類動物的一半以上，主要分布在海拔一千五百至二千公尺的山區，池有山、武陵農場、觀霧大鹿林道等地的闊葉林、農牧地、溪谷、箭竹林中，都可發現牠們的蹤跡。主要的有台灣獼猴、赤腹松鼠、白鼻心、長鬃山羊、台灣野豬等。

根據調查，台灣地區森林中的留鳥，有一半以上都可以在雪霸國家公園中看到。光是台灣特有種，就占了全台特有鳥類的八十%左右，可說是鳥類的大本營。

如深山竹雞、冠羽畫眉、紫嘯鶇、藍腹鷴及帝雉等。牠們分別棲息在高山灌木叢、針葉林、闊葉林乃至農牧地和箭竹林中。

從東峰下來，下了哭坡，回頭仰望，我們笑了，因爲我們畢竟克服了這道天險，從此也可算是一條征服過雪山的好漢。跨過這兒，一路過關斬將，七卡山莊、雪山登山口，不到一個小時，我們就回到武陵農場。

櫻花鉤吻鮭的故鄉

重返武陵農場，並在此稍事逗留，我們一直無法忘情的一個心願，便是去拜訪櫻花鉤吻鮭（*Oncorchynchus masou formosanus*）的故鄉。事實上，在追溯七家灣溪的源頭的同時，我們一路走來，不就像一群溯溪而上的櫻花鉤吻鮭，在尋訪牠們的故鄉嗎？

七家灣溪流過武陵農場時，流水淙淙，清澈見底，河床也大爲開闊，已成爲武陵農場著名的風景區之一，一般人也以爲此地就是櫻花鉤吻鮭的故鄉。但眞正臨溪俯瞰，想在溪水中看到櫻花鉤吻鮭的身影者，恐怕都要失望了，眞正看過牠們的遊客恐怕少之又少。到底櫻花鉤吻鮭有何價值？爲什麼大家都視之爲台灣的國寶魚？爲什麼只能在一千八百公尺高海拔的溪流中生活？

其實，台灣櫻花鉤吻鮭不僅貴爲台灣國寶，同時也是世界矚目的孑遺物種。也因爲櫻花鉤吻鮭的存在，使得大甲溪的歷史有了意義，時間也有了推估的依據；甚至這兒還隱藏著一段地殼變動與河川變遷的祕密，只要追蹤櫻花鉤吻鮭的蹤跡，便可揭開這段盤古開天的上古史。

想像在洪荒的年代，地殼尚未隆起，大陸與台灣是連接在一起的，那時的大甲溪很可能是一條寬廣的河流，有充沛的水流可供鮭魚完成溯水洄游。後來台灣經過多次的造山運動，原來的地形變得面目全非，每年經過大甲溪來回大海一趟的鮭魚，就被困在大甲溪裡，出不了大海，而成爲陸封性的鮭魚；爲了適應台灣特有的環境，而演化出台灣特有亞種的陸封型鮭魚。由於地形障礙造成鮭魚無法上溯河川，也使台灣成爲溫帶鮭科魚類分布最南端的亞熱帶國家。

作品名稱／雪山翠池　攝影／程文鐸　拍攝地點／台中縣

因此大甲溪的歷史，至少可上推至十萬年前。那時的大甲溪水質清澈，湍急的河水中含有高度的氧量，在海拔一千八百公尺的高山上，水溫常年保時在攝氏十六度以下，此種地形與氣候最適合櫻花鉤吻鮭的生存，牠們自在地優游其間，並繁衍到現在。

在文獻上，櫻花鉤吻鮭最早被發現的紀錄是在日本大正六年（西元一九一七年），當時台灣總督府的技士青木糾雄，請友人津崎警員在撒拉矛社（現在的梨山）附近大甲溪上游代爲採集標本，並將這項發現告訴正在美國史丹佛大學研究的大島正滿，大島和魚類學大師喬丹博士認爲這是魚類學上珍貴的發現，乃命名爲台灣鱒（*Salmo formosanus*），從此打開了櫻花鉤吻鮭的國際知名度。此外，櫻花鉤吻鮭也是梨山與環山部落一帶的泰雅族人所熟悉的魚類，在環山部落傳唱的民謠中，常提到在大甲溪中發現鱒魚的身影。

鮭魚是一種洄游性的魚類，雄鮭魚和雌鮭魚會由大海溯溪回到牠們出生的河川上游去繁殖；小鮭魚出生之後，則順著河流回到大海去。而產卵後的鮭魚會一直留在上游的故鄉，直到死去。鮭魚回到大海之後就不知去向，一直要等到繁殖期，才又成群結隊的溯著溪水往上游，游回當初出生的溪流上游產卵。

鮭魚是溫帶的魚類，而台灣是屬於亞熱帶的氣候，本來就不適合鮭魚生存，但是櫻花鉤吻鮭爲何會出現在大甲溪上游呢？在中橫公路沿線，我們可以發現路旁的岩壁是屬於砂岩，證實了至少在十萬年前，這兒是沉在海底的。但是在民國三、四十年代，因保育觀念尚未啓蒙，隨著中部橫貫公路的開通，大梨山地區開墾農作，德基水庫及攔砂壩的興建等人爲的開發，所帶來的生態環境破壞，使得櫻花鉤吻鮭的數量急遽下降，一度面臨滅絕的危機。

民國八十一年雪霸國家公園成立後，爲了避免台灣的國寶魚在世界上消失，推出了多項的保育策略，如改善高山溪的四座攔砂壩，完成「台灣鮭魚完全養殖」，建立「台灣鮭魚種源庫」，進行魚類發報器追蹤研究，放流魚群，讓台灣櫻花鉤吻鮭重返歷史棲地等。經過十七年來的努力，台灣鮭魚族群數量已經穩定並且逐漸成長，目前約有三千尾，分布範圍也從七家灣溪，擴展到司界蘭溪和南湖溪河段。

但櫻花鉤吻鮭脆弱的生命本質，仍使得保育的工作極爲不易，根據民間保育團體的估計，近年來每次颱風來襲，土石崩塌造成棲地的破壞，櫻花鉤吻鮭死亡的數字都十分可觀，官方發布的數字並不十分可靠。

雪霸國家公園管理處技正廖林彥主任說，爲了解決這些問題，將台灣鮭魚的保育工作推展到另一個里程碑，經過多年籌畫，「台灣櫻花鉤吻鮭生態中心」終於在民國九十五年三月開幕啓用。硬體設施包含展示館、研究室、種源庫及戶外生態區，涵蓋

作品名稱／雪山石瀑　攝影／程文鐸　拍攝地點／台中縣和平鄉

作品名稱／浴火重生　攝影／黃秋鸞　拍攝地點／雪山

環境教育、研究工作及種源保存三大功能。

該中心最重要的任務，就是擴展台灣櫻花鉤吻鮭生存的空間，讓牠們游出七家灣溪。因此從幾年前開始，每年都會放流養殖族群數百至數千尾，到歷史上牠們曾經出現的溪流，希望放流的鮭魚能在那兒產卵，一旦播了種，牠們就會不斷地向四周拓展、生長。讓民眾到七家灣溪以外的溪流遊覽時，也能看到我們的國寶魚，自在地在清澈的流水中優游。那該是多麼令人振奮且豔羨的畫面。

現代人的桃花源——武陵農場

武陵農場位於雪霸國家公園西境，是雪山山脈環抱的一片狹長的谷地，七家灣溪蜿蜒流經其間，土地肥沃，四十多年前即有退休的老榮民到此開墾。老榮民本著軍隊中「誠善親民」的信念，沿著七家灣溪畔，分別設立了「誠莊」、「善莊」、「親莊」、「民莊」四個山莊，每莊住戶約二十來人，分植溫帶水果和高冷蔬菜，自給自足，過著與世無爭的日子。

民國五十二年時，當時的行政院退輔會主任委員蔣經國先生到此勘查，對這片美麗的山谷印象深刻，正式命名為「武陵農場」。在退輔會的輔導下，老榮民經過多年的摸索、研究和試驗，終於發展出日後的規模和知名度，所種植的高山蔬果極具經濟價值；其中尤以中津白桃、富士蘋果和高冷蔬菜最具特色，並稱爲「武陵三寶」，成爲國內水果市場的寵兒。

武陵農場的聲名不脛而走，原本的天然美景也逐漸爲外人所知，成了中部地區知名的觀光休憩景點。雪霸國家公園成立後，將武陵農場納入園區，成爲武陵遊憩區，如今已是園內最精華的一個區塊。一年四季，各有不同的迷人勝景，到此登山健行、遊憩休閒的旅客不絕於途。

武陵農場四季分明，春天賞花，夏天避暑，秋天楓紅，冬天偶爾還飄瑞雪。國民賓館和武陵山莊，提供遊客完善的食宿設施，四通八達的步道，讓遊客可以優游在山林美景裡。從入口經萬壽橋、億年橋、休閒農莊，過武陵吊橋，一路上山，到達深山幽林中的煙聲瀑布，全長不過十三公里，卻可眺望「武陵四秀」和雪山山脈的高山美景，已成了登山客的最愛。

「武陵四秀」指的是品田、池有、桃山和喀拉業四座大山，由西向東成等距分列，山容壯盛，奇偉秀麗，故被登山界譽爲四秀。而四秀之首，則爲品田山，海拔三千五百三十六公尺，山巔彷如方形岩平疊，拗捲奇特的岩層是最大的特色，因此它又與雪山、大霸尖山並稱爲雪山山脈上最突出的三座山峰。

煙聲瀑布海拔約二千五百公尺，因位於桃山的山腰，也稱爲桃山瀑布。瀑布從崖頂傾瀉而下，猶如萬馬奔騰，聲勢浩大。時有山嵐飄逸其間，忽隱忽現，只聞水聲，不見瀑布，因而取名，益增其詩情畫意。站在瀑布下方，但見水花四濺，落在身上，渾身沁涼，暑氣全消，是夏日遊客必定拜訪之地。

從桃山瀑布附近的步道鳥瞰，整個武陵農場盡在眼底，天氣晴朗時，七家灣溪閃動著耀眼的波光，蜿蜒地自谷底流過，每一棟建築物和橋梁都歷歷在目，武陵農場美得有如人間仙境，能贏得世外桃源的美名，可說是其來有自！

觀霧、雪見及大雪山遊憩區

雪霸國家公園內有三個遊憩區，分別是武陵、觀霧、雪見。另外附近有一座林務局規劃的大雪山遊憩區。觀霧遊憩區位於雪霸國家公園的北邊，新竹、苗栗二縣交界之處，海拔二千公尺，因終年雲霧環繞而得名。園內林木茂密，視野開闊，展望良好，可看到雪山山脈的連峰。觀霧遊憩區附近也有八仙瀑布、大坪苗圃、觀霧農場及觀霧山莊等美麗景點和旅遊設施。每年三至四月，群花盛開，奼紫嫣紅，美不勝收。觀霧山莊前的櫻花怒放，更是絢麗耀目，一片花海，已成了著名的賞櫻景點。

十幾年前，林務局在園內規劃了天斬瀑布步道、榛山步道及檜山神木步道，形成了完整的步道系統，一躍而成熱門的森林旅遊區，既可看日出、雲海，也可遠眺群山。檜山神木步道的終點是檜山神木，環繞著一群樹齡已逾二千年的紅檜木林。其中的一號、二號神木，巨木參天，多少遊客跋涉三個多小時來到這兒，只爲了瞻仰神木的風采，許多人合抱著樹幹合影留念，也成了回去後畢生難忘的回憶。

雪見遊憩區位於苗栗縣泰安鄉後山的梅園村，於民國九十七年一月開放。這兒海拔高度一千八百七十公尺，可一覽雪山聖稜線的壯麗山景，當寒流來襲，山頭覆蓋著皚皚白雪，正是「雪見」地名最好的寫照。本區的植物以闊葉林原始林相爲主，提供了野生動物豐富的食物來源，過去泰雅族原住民稱這裡爲「布岸把臘」，意即「等待狩獵山羌的地方」，可見早年這片山林裡山羌族群之多。除了台灣黑熊、長鬃山羊、台灣獼猴、山羌等中大型哺乳動物種類繁多，蝙蝠這種唯一會飛的小型哺乳動物，這裡已經發現了十五種，其多樣性之高，爲國內罕見，可見其森林生態環境健全度極高。

雪霸國家公園近兩年多來所做的蝙蝠多樣性研究調查發現，雪見遊憩區有三科二十種蝙蝠，占了全台灣食蟲蝙蝠的六十七％，可說是國內蝙蝠物種多樣性最高的地區。雪霸處工作人員還自行設計出國內首座大型蝙蝠屋，長約二公尺，寬、高各一·

五公尺，內有傳統百葉窗式、不同寬度的垂直夾板隔間，以及屋頂閣樓等，適合多種不同類型的蝙蝠棲息，希望吸引不同型態的物種進駐。雪霸處處長陳茂春表示，此次雪見地區建造的大型蝙蝠屋爲國內首見，未來若成功吸引蝙蝠入住，將搭配紅外線即時影像監控系統，讓民眾得以一窺蝙蝠白天棲息時的樣貌，並提供研究人員進行相關行爲觀察之影像資料。

除了豐富的自然資源外，雪見是早期泰雅族人耕種、遊獵的區域，日治時期爲掠奪當地的資源，曾在北坑溪修築古道，沿線設置了十個駐在所，以管控本地的原住民，雪見駐在所附近的泰雅族部落，最多曾有五百多人居住的紀錄。泰雅族人雖早已遷居他處，但獨特的泰雅族文化習俗及傳統，已成爲雪見地區重要的人文資產。

大雪山遊憩區位於雪霸國家公園南方，海拔二千二百公尺，面積三千公頃，具有豐富的原始森林景觀及種類繁多的高山動植物，是個活生生的大自然教室。稍來山的瞭望台、船型山的青翠園苗圃、鞍馬山山莊及附近的雪山天池、小雪山千年神木，都是風光明媚、展望良好的知名景點。由於交通方便，食宿設備良好，到此休閒度假，已成了東勢一帶民眾假日最喜歡登臨的風景區。

大霸尖山——泰雅族與賽夏族的聖山

大霸尖山位於「武陵四秀」的北方，海拔三千四百九十二公尺，從山稜線上遠眺，外形像個酒桶，所以也被稱爲酒桶山。危崖峭壁，拔天而起，孤聳雲際，霸氣十足，無怪乎有人譽之爲世紀奇峰。大霸尖山以君臨天下之姿，周遭還有東霸尖山、中霸尖山以及小霸尖山環繞，組合成大霸群峰，大有滔滔天下，捨我其誰之勢。

在泰雅族人的心目中，大霸尖山既是他們的聖山，也是他們祖先誕生之地，相傳混沌初開之際，大霸尖山有一塊極爲突出的巨石，裡面藏有一男一女，被蕃華鳥（傳說中的泰雅族的神鳥）看到後，每天就在石塊前啼叫，祈禱人類的誕生。果然有一天，轟然一聲巨響，大石頭裂開爲二半，走出一對男女，這就是泰雅族的源起。

另有一種傳說，遠古時代有一對兄妹，僥倖地躲過洪水的侵襲而存活了下來，可是族裡只剩下他們二人，無法結婚繁殖下一代，因而陷入苦惱。聰明的妹妹於是就將自己紋面，帶著哥哥躲進一個山洞中，過著夫妻一般的生活，而後瞞過哥哥生下了後代，此即爲泰雅人的祖先，並成爲近親結婚的禁忌。

根據國內人類學家的考證，泰雅族原居住在西部平原一帶，後來逐漸向東遷移，聚居在霧社山區，即今北港溪及濁水溪上游。二百年前，因氣候變遷及獵場不足的因素，泰雅族開始大舉遷移，其中的賽德克群向北移動，到達現今台中、宜蘭、新竹、桃園等縣山區；另一支東賽德克群則越過中央山脈，到達花蓮太魯閣峽谷，日後成為太魯閣族，使得泰雅族成為國內的原住民中分布最廣的族群。

至於賽夏族的源起，傳說他們的祖先由海外漂流而來，後因洪水避居大霸尖山，最後只剩下一對夫婦。他們便生兒育女，代代繁衍下來。另有一傳說，洪水來臨時，有一人乘著小舟逃到大霸尖山，後來被神發現將他殺死，並將他身上的二塊肉丟入海中，變成男女各一人，即今日賽夏族的祖先。

二百年前他們聚居在今苗栗、台中二縣交界之處，然後再從大霸尖山往南北二個方向擴散。北賽夏群分布在今五峰鄉的大隘村和花園村，南賽夏群以南庄鄉為主。北賽夏群因緊鄰泰雅族，泰雅族憑著人多的優勢，已將賽夏族語同化。而南賽夏群的語言則變為客家話。由語言的變遷，也可以看出族群的消長與融合的過程。

雪霸國家公園內目前雖然已經沒有原住民族居住，但大霸尖山是泰雅族向外遷移的重要孔道，發源於大霸尖山水系上游的地區，很自然地成為族群匯居的區域。人數較多的泰雅族人多散居於海拔一千公尺至一千五百公尺的山麓與河階地，那裡的氣候涼爽、適於耕種與狩獵。賽夏族則聚居於其西，分布高度為海拔五百至一千公尺。兩大族群在文化上也各有特色，泰雅文化中最具特色的便是紋面傳統，賽夏人則以有著強烈神祕色彩的矮靈祭著稱。

泰雅族的傳統文化和祭典

泰雅族傳統生活以狩獵、山田燒墾為主，織布技術發達，技巧繁複且花色精巧，其中以紅色象徵血液，具有生命力，可以避邪，故而喜好紅色服飾，有紋面習俗。社會組織以祖靈祭祀團體為主，最重要的祭儀活動為祖靈祭。歌舞動態活動以口簧琴與口簧琴舞為其特色。

泰雅族以面部刺紋聞名，主要的部位多在面部，男性刺在額上和頦下，呈寬約一公分的長條狀；女性除了額頭外，最主要的是在雙頰上，從雙耳向鼻翼二側集中。紋面的原始意義，是做為一種區分的標幟，男性必須出草斬過人頭，女性則須學會紡織，才有紋面的資格，因此這標幟是一種成熟的表徵，也是古老的部落裡受人尊重的對象。日治時代，日本政府為達到馴化的目的，強迫他們一律取消紋面，故七十歲以下的人就少見了。

泰雅人的宗教信仰以祖靈信仰為主，並以超自然的神靈信仰最為重要。這是一種無形的超自然力量，泰雅人在治病、消災祈福時，都會加以祭祀，請其保佑。因為泰

作品名稱／冰封大劍山　攝影／程文鐸　拍攝地點／台中縣和平鄉大劍山頂

雅人相信祖靈是宇宙的主宰，也是一切禍福的根源，因此泰雅人對祖靈是以服從的態度，無條件地遵照祖訓，如此便能得到祖靈的庇祐而豐收健康；反之，則會受到祖靈的處罰，此時就必須以贖罪的方式獲得赦免。

爲了表示對祖靈的絕對忠誠與遵從，泰雅人必須透過具體的行動，將虔誠的心意表現出來，於是就產生了種種的宗教儀式。例如播種前須舉行播種祭，以徵詢祖靈的意見，並祈求庇蔭。仿此，收割前有收割祭，收穫後有豐年祭，無非是酬庸祖靈，以表示他們的感謝之意。

祭祖或任何的祭祀活動，女性是不能參與的，這是泰雅族人的一種傳統習俗。從泰雅族的傳統社會制度來看，泰雅族群並非完全是男尊女卑的社會制度，從部落中仍有入贅的婚姻現象，便可了解泰雅族婦女仍有其主導的地方。此外，在任何祭儀中，山豬都不能作爲祭品，因爲在祖先陰間的生活中，山豬是他們的獵狗，用山豬當作祭品，表示不給祖先們飼狗，這樣是會觸怒祖靈的。

賽夏族的矮靈祭

相傳在遠古的年代，今新竹五峰鄉上坪溪上游右岸的山區，有一群居住在半山腰岩洞內的族人，身高雖僅有三尺，但臂力強，且擅長巫術，鄰近的賽夏族人看他們行爲怪異，不似常人，因而心懷畏懼，不太願意和他們來往，而以不甚友善的口氣稱他們爲「矮人」。

不過矮人能歌善舞，又懂農事，常給賽夏人種籽，傳授他們農耕知識和技術，並教導祭祀禮儀和歌舞，所以賽夏族人每年到了稻粟收穫舉行祭典時，都會邀請矮人一同唱歌跳舞。只是矮人心懷不軌，在歌舞作樂之餘，經常藉機侵犯賽夏族的婦女，令她們頗受驚嚇。而矮人又善隱身術，所以賽夏人不易捉到把柄，往往在祭典過後，才發現有許多婦女懷孕了。因此，賽夏族人對於矮人的怨恨便日益加深，亟思報復。

直到有一年的祭典，矮人又在調戲賽夏族的婦女時，恰巧被族人看見，賽夏族人已忍無可忍，幾個族人會商之後決定施出狠招，好好教訓這批好色的矮人。於是他們暗中把矮人晚上睡覺的枇杷樹先砍斷一半，再用泥土將樹的缺口塗上，一點也不留痕跡。當晚矮人們盡情地狂歡之後，意猶未盡地回到老家，也沒注意住處是否有變化，

作品名稱／綻放中的雪霸櫻花　攝影／邱長漢　拍攝地點／台中縣和平鄉平等村武陵路

作品名稱／花季的冠羽畫眉　攝影／陳治平　拍攝地點／武陵農場

一個個睡眼惺忪地爬到枇杷樹上準備休息，就在他們爬到一半時，枇杷樹瞬間倒下，矮人們一個一個跌落深淵內而被潭水淹死，只有兩個矮人倖免於難。

這兩位矮人雖然知道是賽夏族人設下的陷阱，害死了他們的族人，但因人單勢孤，一時無力反擊，只好悻悻然離去。但要離開之前，還是心有未甘，將祭歌與舞步教授給賽夏族人，要他們謹記教訓，按期舉行矮人祭儀。兩人沿河向東方離去時，邊撕山棕葉邊警告賽夏族人，若不遵從叮嚀教誨，必會導致作物歉收，族群滅亡。

賽夏族人雖然報了一箭之仇，除去了心頭大患，但內心卻感到不安，於是開始祭祀矮人，安撫他們的靈魂，以化解彼此之間的仇恨。從此以後，每年秋收之後的月圓夜裡，賽夏族人都會舉行矮靈祭。在祭典中不斷地唱歌、跳舞，邀請矮靈歸來，與賽夏族人同樂，並在歌聲中請求矮靈的原諒與賜福，保佑族人的平安和豐收。

傳統上矮靈祭是分做南、北兩個祭團舉行，但若從儀式的意義來說，是整體性的、超越姓氏和地域界限的。整個祭儀分成五大部分，包括有迎靈、延靈、娛靈、逐靈和送靈。原是每年舉行一次，大約在農曆十月十五日進行，後因日本人禁止，於是改為每二年舉行一小祭，每十年舉行一大祭。每到這時候，外地的族人都會趕回來，以最虔敬的心慶祝祭典，是賽夏族流傳至今的原始祭典，也是最重要的儀式，保存了賽夏族傳統的文化習俗，賽夏族人將這祭典稱為「巴斯達隘」。

大體而言，今日的原住民，不管是泰雅族或賽夏族，已不居住在雪霸國家公園內，但其足跡及活動的身影，依然遍布在公園內的山谷和森林中。他們本來就是山林的子民，生活習俗與日常生活早已與大自然融爲一體，雪霸國家公園既是他們的原鄉，也是展現他們傳統文化的舞台和櫥窗，要想了解原住民的歷史文化，走一趟雪霸國家公園，就會有進入時光隧道、身臨其境的感覺了。

山河歲月無窮

隨著國人休閒型態的改變，登山健行，從事野外活動探險，已蔚爲一股風潮，國家公園因此愈來愈受國人重視和喜愛。雪霸國家公園有崇山峻嶺，有四大河川的源頭，更有四時不同的風光和設施完善的遊憩區，到此旅遊、登山、探險的人，也四時不斷，絡繹不絕。

但雪霸國家公園實在太雄偉、太遼闊了，絕不可能一次就看完全景，或玩個盡興。不管是誰，每一次登臨觀賞，只是在拼湊那張偌大的地圖和不同的風景。而且窮其一生，都不足以窺其全貌。過去三十多年來，我曾在不同的季節、循不同的途徑上山，隨著人生閱歷不同，也有不同的體會和感受。

作品名稱／日出雪山　攝影／賴南光　拍攝地點／雪山主峰

最近一趟是工作之需，深入雪山之巔、探索大甲溪之源，整整走了四天三夜，首次經歷了台灣高山上最大的一場風雪，方才印證了雪霸國家公園的雄偉和壯闊；也深刻體會到個人生涯有時而盡，而山河歲月無窮。

每一趟雪霸國家公園之旅，不僅是個人生命的領悟，更能廣納大自然的珍貴與豐富，那是地質的、生態的、景觀的；也是人文的、歷史的、地理的。因此雪霸國家公園更像是一座龐大的大自然寶庫，進入寶山，就不能空手而歸，而必須盡情的吸納，才能與他人一齊分享。因爲你所能掌握的片段與它的大器相較，只堪比爲小巫見大巫吧。

6.

火砲鍍金的大門——金門國家公園

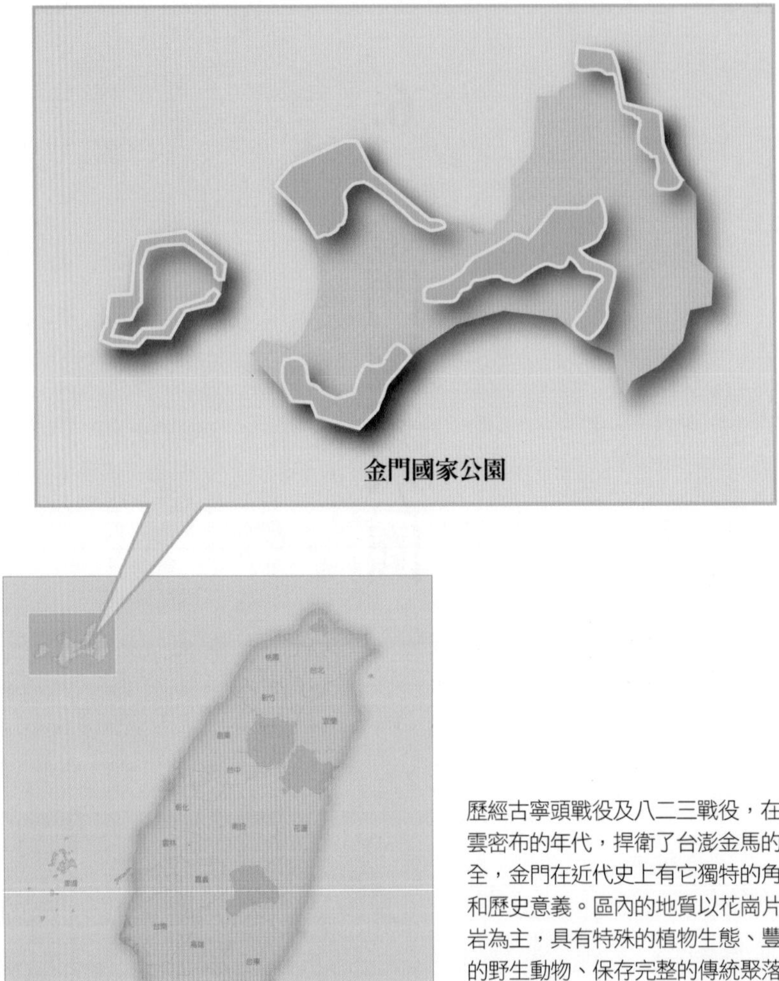

歷經古寧頭戰役及八二三戰役，在戰雲密布的年代，捍衛了台澎金馬的安全，金門在近代史上有它獨特的角色和歷史意義。區內的地質以花崗片麻岩為主，具有特殊的植物生態、豐富的野生動物、保存完整的傳統聚落，以及戰地遺跡等。因位於閩南沿海邊緣的海隅，過去承襲了傳統的閩南文化，近代則注入了僑鄉文化：小而樸實的聚落、典雅的民宅、傳統的馬背、山牆、燕尾脊的建築和中西合璧的洋樓，處處可見；各種精緻的雕鑿裝飾，也饒富趣味和典故。

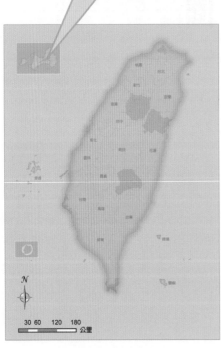

金門國家公園是台灣第六個成立的國家公園，位在閩南沿海邊緣，面積三千七百二十公頃，範圍涵蓋金門本島中央及其西北、西南與東北角局部區域，分別劃分爲太武山區、古寧頭區、古崗區、馬山區和烈嶼島區等五個區域，約占大小金門總面積的四分之一；是一座以文化、戰役、史蹟保護爲主的國家公園。

金門地區由於歷經古寧頭戰役及八二三戰役，在戰雲密布的年代，捍衛了台澎金馬的安全，維護了台海的穩定，在近代史上有它獨特的角色和歷史意義。隨著兩岸政經情勢的改變，金門前線戰地的角色也跟著時代的轉換而改變，在民國八十一年解除戰地政務。

爲妥善保護此地的戰役史蹟、人文資產以及自然資源，政府特別在民國八十四年成立國家公園。區內的地質以花崗片麻岩爲主，具有特殊的植物生態、豐富的野生動物、保存完整的傳統聚落，以及戰地遺跡等公園特色；也是國內第一座以維護歷史文化遺產、戰役紀念爲主，兼具自然資源保育的國家公園。

金門位於閩南沿海邊緣的海隅，過去承襲了傳統的閩南文化，近代則注入了僑鄉文化，因此保存了許多寶貴而豐富的人文資產。小而樸實的聚落、典雅的民宅、傳統的馬背、山牆、燕尾脊的建築和中西合璧的洋樓，處處可見；各種精緻的雕鑿裝飾，也饒富趣味和典故。

除了聚落、建築之美，金門地區也保留了許多歷史古蹟，園內共有十二處，例如文台寶塔、黃氏酉堂別業、邱良功母節孝坊等等；地方所信仰的風獅爺也相當有特色。這些珍貴的古蹟和文物，不只見證了金門歷史的興衰，也帶給後人一份思古的幽情，標記了金門過往的光榮與驕傲。

史前住民的遺跡

在地理上，金門孤懸於閩江外海，隔著台灣海峽廣闊的海域，與澎湖的直線距離也長達一百五十二公里，與台灣的關係自然遠不及福建。在遙遠的年代，海隅荒島的地理現實，使它一直處在政治的邊陲地帶；連帶的，在漫長的歷史發展過程中，也讓人難以追索它的源頭。直到民國五十七年，台灣大學地理系教授林朝棨到金門做地質探測，在金門金湖鎮東北角一個叫復國墩的小漁村發現了貝塚，才揭開了史前時代的面紗。

林教授在挖掘探測時，挖到了一些陶片及一塊凹陷的石塊，陶片有黑陶及紅陶二種，有些是素面，有些上面有條紋，有紋飾的多是貝紋，是用蚌殼印上去的，引起林教授的興趣，便將蚌殼帶回台灣，請台大物理系鑑定，結果發現它們存在的年代約在距今五千五百至六千三百年前，比台灣地區所發現的新石器時代遺址的年代還要久遠。

民國七十一年，又有台大人類學系的黃士強教授到金門調查金門的傳統技藝。同樣在復國墩遺址附近的田地中開挖，但出土的遺物不多，只有幾百件的瓷片和七十多片的陶片，據他考證的結果，瓷片的年代較晚，屬宋元以後，但陶片無疑是史前的產物。從這兩次復國墩遺址出土的遺物來看，金門地區早在六千年前就有一群人居住，過著漁獵採集的生活。

民國八十五年，金門國家公園成立之後，爲進一步了解金門的自然和人文生態，內政部營建署特別請中央研究院陳仲玉博士到金門進行考古調查，又在金龜山和浦邊二地各發現了一處貝塚遺址。金龜山遺址位於金沙鎭西園村金沙溪的出海口，經過挖掘之後，出土的遺物有陶器、石器、動物的骨骼和許多貝類。陳博士推測，這群住民距今約六千年前，他們住在海邊的高地上，以採集海邊的貝類爲生，也會打造簡單的石器，捕捉小型的動物。

至於浦邊遺址，位於金沙鎭浦山村，就在金龜山遺址的西南方，距今約四千年前，由於先前的二個遺址都在海邊，此期的住民開始向內陸平原遷移，仍靠採貝爲生，但已呈現出定居的村落形式。陳博士因此推測，六千年前，金門即有人類居住，

作品名稱／金門古厝　攝影／連敏宏　拍攝地點／金門縣

在正史記載之前，仍屬草萊未闢的莽荒時代，陶器和石器是他們賴以爲生的工具，過著捕魚、採貝和簡單的農耕生活，基本上仍是個原始的社會。

金門開拓史話

金門因位處福建海隅，一水之隔，與大陸的關係可說是藕斷絲連。歷代各朝政治太平時，行旅舟楫往返尚稱方便；一旦局勢動盪，便會成爲中原移民躲避亂世的地方。也因爲這種地理上的特性，使金門成爲中華民族人文薈萃之所，中原文化賴此能在外島綿延不絕。

根據《金門縣志》記載，中原人士移民金門，始於魏晉南北朝五胡亂華之際，共有蘇、陳、吳、蔡、李、顏等六大氏族。他們爲了逃避戰火，輾轉渡海來到金門，也將中原文化帶到金門，落地生根，開枝散葉，開啓了金門歷史的新頁。唐代時金門劃爲萬安監的牧馬區，復有許、翁、黃、張、王等十二個氏族南下牧馬。

直到宋朝以後，移民漸多，尤以泉州的世家大族，大舉渡海到此開墾，從事商海農漁各業，生計蒸蒸日上，奠定了金門地區的社會基礎和經濟規模。泉州鄰近較貧困的鄉村，因食指浩繁，維生不易，眼見泉州氏族在金門經營有成，也跟著渡海到金門墾殖。目前金門的居民大多是他們的後代。金門古稱「浯洲」，即淵源於泉州的一條河流浯江，泉州墾民爲紀念他們的故鄉，便以此爲金門命名。

宋朝年間，一代大儒朱熹與金門頗有淵源，他在二十四歲時曾任同安主簿，主管當地稅務，歷時五年。他重視文教，建經史閣，教育同安子弟。當時金門隸屬同安縣，故金門也曾受惠。他曾建燕南書院，教育金門子弟，對金門後世文風及社會淳樸風氣影響甚深。清朝時鄉人爲感念他的德澤，特別在「浯江書院」裡建了一座朱子祠，以供後人追思感念。

到了明末時期，東南沿海島嶼經常有倭寇出沒，打家劫舍，四出侵擾，成爲東南沿海一大禍害，金門沿岸亦不得安寧。明太祖因應海上形勢，在此設立「守禦千戶所」，爲的就是抵禦倭寇的侵擾，但倭寇仍然猖獗，不時進逼地方。

嘉靖年間，特派名將俞大猷任「守禦千戶」。由於他治軍嚴明，勤於政事，五年任內，倭寇震於他的威名，不敢再冒犯金門海域，軍民相安，社稷終能平靜。俞在南磐山石壁上自題「虛江嘯臥」四字明志；其屬楊宏舉及地方人士感念他辛勤任事，劬勞爲國，特別興建「嘯臥亭」，以表追思。二件史蹟現已被列爲縣定古蹟，至今尚保存良好。與朱子祠前後輝映，一文一武，可說是代代金門人的精神表率。

明朝覆亡，清兵入關稱帝之後，鄭成功打著「反清復明」的大旗，集結各地志

作品名稱／模範街　攝影／鄭文照　拍攝地點／金門縣金城鎮

士，以金門及閩南沿海一帶爲基地，練兵海上，多次揮軍北上，誓言推翻滿清。一時山河震動，但孤臣畢竟難以回天，歷經挫敗之後，只得退返金廈，轉而攻打台灣。他和其子鄭經在金門留下的史蹟和傳說，至今依然爲後世津津樂道。清康熙十八年（西元一六七七年），清軍水師提督萬正色調集水陸大軍進攻金門，連破鄭軍沿海十九寨，金門終爲清軍所占，納入清帝國的版圖。

南洋移民潮變僑鄉

金門是典型的海島，航道四通八達，自古以來先民便習得航海技術，可以在海上來去自如，對外交通十分方便，因此開風氣之先，很早就有人往海外發展。明末鄭成功興兵海上，轉戰沿海各城鎮，甚至攻占台灣、澎湖，追隨者有很多是金門子弟。及鄭成功兵敗、明室淪亡，許多有志之士寧選擇流亡南洋，也不願成爲死守國土家園的亡國奴。

到了滿清末葉，清廷腐敗，經濟凋敝，國防空虛，鴉片戰爭失敗後與英國簽訂《南京條約》，更暴露出清政府的貪腐無能。廈門被英國強迫開港通商，在帝國主義的壓迫之下，民不聊生，居民迫不得已，只好遠赴南洋謀生；稍有經濟基礎的人，也視南洋爲第二故鄉，紛紛前往發展，使得金門成爲名副其實的僑鄉。

他們在外茹苦含辛，慘淡經營，縮衣節食。幾年下來，不但生活改善了，也有了積蓄，便將辛苦賺來的錢寄回故鄉，回饋故里。或捐款做慈善事業，幫助窮困人家；或修橋鋪路，蓋學校會館，供子弟讀書教育之用。這種熱心公益、飲水思源的作風，可說是金門人的一大特色，僑鄉一詞絕非浪得虛名。據統計，散居東南亞的金門人有二十多萬，高居華僑人數之冠。

除了樂於捐輸，濟貧救苦，華僑們在海外事業有成，衣錦還鄉之後，最喜歡回金門蓋房子，幾乎每個村落都可看到宏偉壯觀、美輪美奐的新穎建築，都是中西合璧的民宅。因爲與傳統的閩式建築大異其趣，一般都稱之爲洋樓，可視爲華僑對家鄉最具體的貢獻。有些雖已年久失修、傾頹老舊，但仍難掩其尊貴，流露出昔日的風華。它們的存在，不僅是金門重要的文化資產，也見證了一段僑鄉的輝煌歷史。

古寧頭戰役

走過了早年開發的滄桑史，金門最著名、最具歷史意義，甚至揚名國際的，就是國共冷戰時期的歷史。這一頁震驚中外的戰地史蹟，雖已發黃，卻是最足以光耀中華

作品名稱／山后十八間　攝影／吳國禎　拍攝地點／金門縣山后民俗村

民國歷史的一頁。也是爲了保存這些戰地史蹟，金門國家公園才得以成立。這不僅是台灣的國家公園中的一項創舉，環顧世界上其他的國家公園，恐怕也都相當罕見。

民國三十八年十月，國共內戰已進入最後的階段，東南半壁河山皆已落入共軍手中，國軍一路敗北，退守台澎金馬地區，僅憑台灣海峽的天險稍可依靠喘息。但共軍並不給國軍喘息的機會，他們乘勝追擊，大軍已開赴金門對岸，亟思搶灘登陸，一舉殲滅金門守軍，再進逼台灣本島，金門的情勢岌岌可危。

共軍採取的戰術是要在金門北岸中蘭至后沙間的海岸登陸，這兒是金門最狹窄的地方，一旦登陸成功，便可將金門切成二半，使東西二方無法相互支援，就近攻下太武山，取得制高點，輕易攻下金門島。因此十月二十四日深夜，共軍二十八軍分乘各型船艦二百多艘，在岸砲的掩護下向金門挺進。翌日凌晨登陸，一場關係著國民政府存亡的大戰就此展開，這就是舉世震驚的古寧頭戰役。

就在共軍啓航不久，海上突然颳起強勁的東北季風，共軍對金門的航道不熟，船艦被風往西吹向古寧頭一帶的海岸，直到天明船艦靠岸時，共軍才發現與原先計畫差距太大，且船艦已被打散，無法快速集結，也無法後退，只好強行登陸。

二十五日清晨共軍登陸後，尚未建立灘頭堡時，即遭國軍逆襲，被困在古寧頭一隅。後其主力集結於古寧頭的南山、北山地區，一度攻占安岐、西浦頭。國軍死守湖南高地，由十八軍軍長高魁元下令反擊，共軍只能向西逃竄，在國軍三面圍攻和空軍的轟炸之下，焚毀共軍灘頭船隻，阻斷其後勤支援，再加上胡璉將軍指揮的十二兵團助攻，歷時三天的激戰，終於在二十七日清晨結束，總計俘虜共軍官兵三千餘人，殲滅六千人。這場古寧頭戰役，一舉扭轉了國軍的頹勢，穩住了台灣海峽，是國共交戰以來國軍最輝煌的一場勝仗。

九三砲戰

古寧頭戰役暴露了共軍海島作戰經驗的不足，對潮汐、風力、洋流、地形缺乏認識，以及裝備後勤補給作業的生疏，終致潰不成軍。對連戰皆捷、氣焰囂張的共軍，無疑是當頭棒喝，銳氣頓挫。共軍也了解自己的海軍薄弱，根本無法進行大規模的海島登陸戰，便改採大陸包圍的地理優勢，集結火砲對金門射擊，企圖達到打擊我方民心士氣、瓦解國軍戰力的目的。

民國四十三年秋天，東南亞會議召開前夕，共軍爲阻止東南亞各國與美國締約圍堵中共，計畫以猛烈的火砲對金門展開奇襲，向國際示威。國共雙方都在構築砲兵陣地，實施砲兵訓練。當時雙方的火砲射程都不遠，共軍的有效射程只在金門東北及西北二個角落及海岸村落，國軍也一樣，砲兵部隊都駐紮在北海岸，有效射程才能達到對方。

九月三日下午五點，共軍砲兵突然向大小金門發動奇襲，共射擊了數千發的砲彈，當時金門的司令官劉玉章將軍立刻反擊，國軍當時已開鑿太武山地下坑道，軍備都已地下化，所以損失不大。砲戰只進行了三天即結束。

這是古寧頭戰役之後，共軍對金門一次較大規模的砲戰，兩岸之間緊張的情勢陡然提高，也點燃了金門與大陸對岸長期砲戰的戰火，從此小規模的砲擊時有所聞，但零零星星的，並未對金門的軍民造成太大的傷害。九三砲戰三週年時，金門防衛司令部發表了一份統計數字，三年來共軍對金門群島共發射了五萬二千九百二十三發的砲彈。

八二三砲戰

九三砲戰之後，國共雙方所發生的零星砲戰一直沒有停過，有些是試探性質的，有些是砲兵的實彈射擊訓練。同時共軍在東南沿岸的機場陸續完成，鷹廈鐵路也通車，陸上運補的能力大為增強，部隊的調度更為頻繁，兩岸之間又可聞到一股火藥味，戰爭有一觸即發的可能。

果不其然，民國四十七年八月二十三日下午，正式的砲戰開始了。這次的規模更大、火力更強、範圍更廣，是繼古寧頭戰役之後，再次震驚國際的戰役，史稱八二三砲戰。但這次不僅是砲戰，其中還夾著空戰與海戰，但海空大戰都在島外，並未波及金門本島。

當天下午六點，共軍調集了三百四十門火砲，對金門本島展開瘋狂的射擊，短短二個小時內發射了五萬七千五百三十發的砲彈，到十月六日止，共發射了四十七萬四千九百一十發的砲彈。當時金門防衛司令部司令胡璉將軍已獲情報，動員軍民加強防務，增兵至八萬多人。海空軍也發揮優勢火力，擊沉共軍魚雷快艇十六艘及多艘其他船艦，擊落共軍米格機十多架，戰果輝煌，充分掌握制空及制海權，使共軍難越雷池一步，只能望空興嘆。

但我方也付出了慘痛的代價，金防部三位副司令官在砲戰中身亡，軍民死傷達二百多人，所幸防衛體系未遭破壞，民心士氣也未動搖，終能堅持到第一階段的砲戰結束。之後共軍又提出「單日打，雙日停」的約定，此後二十年國共之間一直維持著這個不成文規定，也就是大家所熟悉的「單打雙不打」的恐怖平衡戰略，堪稱史上最漫長的一場砲戰。

民國四十九年六月十八日，美國總統艾森豪訪華，共軍在他來訪前夕，又對金門發動砲擊，一天之內落彈八萬五千九百多發，同時透過廣播，表示這次砲擊是爲了歡迎美國總統；翌日艾森豪離開時，共軍又對金門發動砲擊，當天金門落彈八萬八千七百八十九發，表示是歡送之意。前後二天分別創下單日砲擊量的最高紀錄，誠然是瘋狂的行徑，令國際矚目。這也就是後世所稱的「六一七砲戰」。

在共軍長期砲火的威脅下，金門戰地的工事全部地下化，全民納入自衛戰鬥體系，使金門成爲名實相副的海上堡壘，更成爲全球東西二大陣營冷戰時期的最前哨據點，「自由燈塔」或「海上長城」的封號聞名國際。金門列島在歷次的戰火中屹立不搖，確保了後方的台澎的安全，締造了它在國共戰爭史上的新頁，殘留的戰地史蹟也成了金門珍貴的文化資產，足供後人瞻仰致敬。

可歌可泣的戰地史蹟

古寧頭大戰距今已整整六十個年頭，歷經一甲子的歲月，滄海桑田，世事多變。兩岸的情勢已緩和了，自從開放老兵探親以來，兩岸民間的互訪交流、經貿投資合作、飛機直航，一一實現，國共內戰幾已成爲歷史，此時重返戰地，目睹史蹟，感受特別強烈。

當年古寧頭戰役共軍登陸的海灘，位於嚨口到古寧頭北部，是一條地勢平緩且平直的沙岸，少有礁石。除了一座荒廢的碉堡，孤零零地矗立在斷崖邊，已看不到當年戰爭的遺跡，一眼望去，只看到潔白的沙灘和旁邊萋萋的野草。海風呼呼地吹著，彼岸就是大嶝島，櫛比鱗次的屋宇，看起來顯得渺小而平靜，很難想像六十年前這兒砲火喧天，鮮血染紅了沙灘的情景。

古寧頭的南山雖是一處高地，但地形隱密，離對岸的大嶝島最近，也是一處重砲的陣地。古寧頭大戰雖然在此開打，但並未受到太大的損毀。反倒是八二三砲戰時，因位於重砲陣地附近，成爲共軍攻擊的目標，落彈極多，村內房舍幾乎全毀，不過戰後重建已恢復舊觀，僅存的斷垣頹壁，仍可看到戰爭的痕跡。

西園也是一個重要的戰地史蹟，位於古寧頭附近，地勢十分重要，聚落的後方還有五龍山高地，上面有一座觀測碉堡，可監視金門北部的海域，並可做爲砲兵的觀測指揮所，有一個重砲的砲兵連即駐防在西園聚落的東側。八二三砲戰時，共軍爲了摧毀這個觀測所和重砲連，輪番以重砲射擊這個區域，有些砲彈沒瞄準，便射到了附近一個叫後珩的小聚落，十多戶住家幾乎被夷爲平地，西園的一百多戶住家也是千瘡百孔，片瓦無存，戰況慘烈無比。

古寧頭的北山村，是古寧頭大戰時的一個戰場，共軍登陸時被國軍火砲困在沙灘，部隊也被打得潰不成軍，四處逃亡，部分流竄到北山、林厝一帶，占據民宅負嵎頑抗，和追擊的國軍展開激烈的巷戰。北山洋樓就是共軍上岸後所設立的前進指揮所，也是戰爭末期國共雙方爭奪的據點，整棟樓房的屋基和外牆上彈痕累累，布滿了密密麻麻的彈孔，至今依然保存如故。因具有歷史價值，軍方還在屋外築牆維護，設立北山村紀念碑，詳記戰爭始末，供遊客憑弔，是金門島上唯一留下來的戰役遺蹟。

至於軍方所建的「古寧頭戰史館」，則位於北山村郊外的海濱，原是一處軍事據點，入口建有一座城垛式的堡壘，內有坑道通往海岸的射口。館前有兩部號稱「金門之熊」的戰車和一位戰士持槍的塑像，讓人遙想起古寧頭戰役中的國軍戰士。不管是否已爲國捐軀，他們英勇的事蹟及慘烈的戰鬥，已載入史冊，並陳列在戰史館中，永遠令人尊敬和懷念。

李光前將軍廟及戰史館

古寧頭戰役中，國共雙方都付出了慘重的代價，死亡的人數多到無可勝數，國軍當中軍階最高的是中校團長李光前。他是湖南平江人，中央軍校十六期畢業，戍守金門時擔任四十二團團長，古寧頭戰役近尾聲時，共軍四處流竄，其中有一支一千餘人的共軍逃到西浦頭，在村口隘道部署了六挺重機槍，企圖做最後抵抗。

李光前團長奉令率領了三個營的兵力前往進攻。但共軍重機槍的火力十分猛烈，國軍抵擋不住，第一營攻上去立刻落入共軍強大的火網中，死傷慘重。李團長見狀，爲激勵國軍士氣，身先士卒，率先跳出戰壕，不幸後腦中彈，壯烈成仁，年僅三十二歲。此舉果然激起弟兄的士氣，爲了替長官復仇，剩下的兩個營全力反攻，終於將共軍擊潰，俘虜了七百多人。

李團長爲國捐軀，功在國家，國防部特別追晉爲上校，西浦頭的父老感念他的英勇事蹟及保衛地方的貢獻，也在民國四十一年爲他塑像建廟，朝夕膜拜，據說十分靈驗。全島軍民聞風前往膜拜者日眾，香火鼎盛，原本的廟宇不敷使用，民國六十五年地方父老倡議擴大改建，並向國防部陳情再追晉李光前爲將軍。建廟經費由金防部補助，當時的司令官要求廟方將李光前的神像改著軍裝。所以後來「李光前將軍廟」

裡，著軍裝和古裝的神像都有，爲一般廟宇所僅見，令信眾十分好奇，前往膜拜者益加踴躍，香火更盛，應是李光前將軍的英靈所庇祐吧！

光是古寧頭戰役，古寧頭地區就留下了這許多的戰地史蹟，訴說著一段段可歌可泣的故事。其他地區也蓋了許多紀念館或戰史館，來紀念個別的戰役。比較著名的像位於山外榕園的「八二三戰史館」、烈嶼的「湖井頭戰史館」，更是遊客必定參觀的景點。

「八二三戰史館」是一棟白牆紅柱、琉璃翠瓦的建築物，外觀雄壯威武，充滿了軍人的陽剛之氣。四周的草坪上，陳列著當年國軍使用的各式武器和裝備。像砲戰中火力最強大的一五五加農砲、F—八六軍刀機、戰車、兩棲登陸運輸艇等，都是該次戰役的主角。館內陳列的是各軍種的軍旗、將領的照片、各型砲彈、重要文件，以及砲戰場面的情境模擬模型，完整呈現戰地的聲光效果，在隆隆的砲聲、機槍的掃射、飛機的轟炸和戰車射擊的聲音和光影閃爍下，讓人有身歷其境的感覺，也感受到戰爭的可怕。

「湖井頭戰史館」是原來的湖井頭播音站改建而成，位於烈嶼西北角的最前端，與金門東北角的馬山、西北角的古寧頭及大擔島四處喊話站，定時向大陸沿海廣播，實施心戰喊話。播音的範圍涵蓋大陸東南地區，內容以策動對方軍人起義來歸及各種反共號召爲主。在冷戰的年代，是難得聽到的一股溫柔的聲音，也降低了兩岸對峙的氣氛。裡頭陳列的是大擔、九三、八二三歷次戰役的相關史料。

館內濱海的觀測站，設有高倍的望遠鏡，透過嚴密的碉堡望出去，對岸的廈門島歷歷在目，會展中心及周遭的高樓大廈，海面上密密麻麻的漁船，都清楚得如在眼前。與冷戰時期肅殺的氣氛相比，宛如二個世界，也讓人深深感受到世事多變，時代與潮流的改變，彷彿就在一夕之間。

在烽火的洗禮下，金門愈挫愈堅，基於長期戰備整備的需要，使得島上的防禦工事益趨齊備，各種軍事設施不斷擴充、加強，從地下到天空，布下了層層的安全防護網，也留下了難以抹滅的痕跡。例如瓊林聚落的地下戰鬥坑道、爲了運補開鑿的翟山小艇坑道、大量的反登陸樁及反空降樁、太武山坑道、擎天廳，以及密如蜘蛛網的地下坑道所聯繫的碉堡和陣地。隨著時局改變，戰役相關的史蹟以及戰備的各項軍事設施，都一一劃入了國家公園的保護區域，遊客可以循著這些遺跡，去領受戰火的硝煙味，窺見金門戰地的歷史面貌。

絕無僅有的戰地風光

民國八十一年戰地政務解除後，金門全面步入地方自治的時代，戰時的管制措施全面開放解禁，首屆民選縣長在八十二年十二月一日宣布就職，爲了發展觀光，行銷戰地風光及文化特色，縣府廣開大門，歡迎中外旅客前往金門觀光旅遊，國人終於可以平民的身分，踏上這塊嚮往已久的島嶼。莒光樓、太武山、民俗村、金門酒廠和陶瓷廠，這些大家耳熟能詳的景點，都可看到來自世界各地的觀光客的身影。

莒光樓位於金城東郊的一塊高地，是一座中國傳統的宮殿建築，樓高三層，飛簷碧瓦，雕梁畫棟，面對浯江口，視野遼闊，可遠眺對岸的廈門島；建於民國五十一年，是當時金門最宏偉的一棟建築，與太武山上「毋忘在莒」的勒石同具時代的意義。時任金防部司令官的胡璉將軍以蔣故總統所題「毋忘在莒」四個字的體悟，將此樓命名爲「莒光樓」。

此後「莒光」二字，即成爲戒嚴時期台澎金馬各地命名的典範。民國五十一年，中華郵政總局爲它發行郵票，共有四十七種票面流傳問世，發行量超過十八億枚，可謂風行一時。隨著這枚郵票流通到世界各地，不但金門廣爲世界所知，莒光樓也成爲金門的地標，是中外遊客到達金門時的必遊之地。

至於「毋忘在莒」的勒石，位於太武山頂，原是同年蔣故總統的手書，金防部司令官特別請石匠鐫刻在石壁上，以戰國時期齊國大夫田單復國的故事，勉勵國人記取歷史教訓，勿因台灣島小人少而氣餒，只要全體軍民忍辱負重，勵精圖治，也能反攻大陸，完成復國使命。

十二年後，駐守在太武山勒石旁的部隊發起「毋忘在莒運動」，全國接著響應，呼籲國人師法田單的精神，堅忍不拔，團結奮鬥，繼續爲復國大業努力以赴，喧騰了好一陣子，才風消雲散。如今復國尚未成功，國人倒可自由赴大陸旅遊投資，與敵人握手言歡；這毋寧是歷史的嘲諷了？

太武山西麓谷地，還有一處令人傷心之地，那就是「太武山公墓」。金門守軍歷經多次戰役及敵後突擊行動，爲國殉難者不在少數，國家應妥爲安葬，以慰英靈及其家屬，因此籌建了此處大型的公墓；於民國四十二年完成，開始移靈安厝，共有四千五百名官兵安葬於此。紀念碑上有蔣故總統親題碑名，及司令官胡璉的序文，可謂備極哀榮。墓園綠草如茵，花木扶疏，更有水池拱橋，莊嚴肅穆中尙有一分秀麗。

烈嶼的地理中心點，也是主要幹道的交接處，有一座城門式的建築，上題「八達樓子」，四方形的城門上分別題著山海關、古北口、喜峰口、九門口。城垛上有七位勇士的塑像，各自拿著武器，顯露出視死如歸的神情，在交通擁擠的幹道上，相當引人注目。

「八達樓子」建於民國五十五年，是國軍長城部隊移防小金門時所建，「九一八事變」發生後，日軍沿著長城西進，在古北口遭到駐守長城的國軍奮勇抵抗，七位勇士為了掩護國軍轉進，死守「八達樓子」，最後全部壯烈成仁。這座「八達樓子」，就是為了紀念這七位烈士英勇的事蹟，如今已成了烈嶼的地標，也是小金門重要的景點。

金門類似的景點，多得不可勝數。像無名英雄紀念碑、伯玉亭（胡璉將軍字伯玉）、浯江書院、邱良功母節孝坊、牧馬侯祠、得月樓、翟山坑道；太武山下的海印寺、陽明公園、魯王墓、擎天山莊、邱良功墓園、蘭湖、中正公園、榕園、太湖；金沙地區的西園鹽場、林務所；以及山后的民俗文化村等，都是頗具金門風味的景點，縣政府規劃的觀光公車及旅遊路線，都將它們涵蓋其中，足以讓人悠遊其間，認識金門的風土人情。

山后民俗文化村

前文提到的山后民俗文化村，值得特別一提，金門有一句話說：「有山后富，無山后厝。」意思是說，金門地區有些村落也許比山后村富有，卻沒有一個村落的建築比得上山后村。因爲山后擁有豐富的傳統建築，傲視全金門，後來成爲民俗文化村，名聞遐邇，成爲國內文化資產界的瑰寶。

清末時山后村的村民王敬祥，因家境困苦，謀生不易，早年即東渡日本經商，經過多年的奮鬥，累積了龐大的財產。事業有成之後，爲了晚年回鄉居住，便在山后村蓋大厝，從光緒初年到二十六年，經過二十多年的施工，終於完成十八棟雙落的閩南式古厝，依山勢分三列而建，每列之間有庭院相接。所用的材料都從大陸泉、漳二地運來；屋裡的梁木更採自閩江上游的福杉，一磚一瓦、一草一木，都延請福州知名的匠師負責設計施工，竣工之後，金碧輝煌，自不在話下。

古厝占地遼闊，規模龐大，氣勢宏大雄偉。在外形方面，燕尾藻飾，馬背牆垛堅固厚實，窗櫺精雕細琢，簷間剪黏和交趾陶栩栩如生。牆上的石雕壁飾多以牡丹、瓶子、桃子、蝙蝠等象徵富貴、平安、長壽、福氣等吉祥的花鳥事物，可謂美輪美奐，宛如一座金門版的大觀園。

不過王家住進去之後，並不如建築物刻意講求的那麼富貴、平安，王敬祥過世之後，子孫不僅不能擴大家業，繼續維持榮景，反而分散各地，家道逐日衰落。山后村村民看著王家起大厝，也看著王家的式微，當地便流傳一個傳說，據說王家在建屋之初，因故得罪了地理師。他一氣之下故意將風水的龍頭朝外，使得龍脈的靈氣飛走，王家原本的運勢從此不再，家道逐漸中落，終至人去樓空，正應驗了富不過三代這句古諺。

但世事的轉折，本就難以逆料，王家雖然不再住在古厝，古厝卻對外開放，讓更多喜歡傳統民居的人能進入古厝參觀。古厝逐漸變成古蹟，成爲全體國人的資產，王敬祥若地下有知，更應感到高興。

民國六十四年，金門戰地政務委員會爲保存歷史古蹟，將古厝整建重修，規劃爲民俗文化村。遊客漫步其中，不僅可以仔細欣賞閩南式建築之美，感受豪門古厝的氣派，更可以從各館陳列的民俗古物中，領略金門先民的生活情境。由於它深具文化資產的價值，金門國家公園成立後，已將它列入保護的重點，也是金門最具文化特色的觀光景點，每天遊客如織，參訪者絡繹於途。

金門民居建築

乍看之下，金門的古厝和台灣鄉下的老屋似無多大差異，但進一步觀察，便會發現金門受戰地政務之限，經濟開發遠不及台灣迅速，整體環境尙未受到人爲的破壞，當地傳統的民宅和聚落依然保有原鄉的風貌，可說是中華民國境內目前尚存最完整的地區。

爲適應特殊的地理天候，金門民居建築發展出獨特的風格，尤其表現在宗族聚落，中西合璧式的洋樓，曲形燕尾與高大山牆並存，以及磚石混砌的做法，充分顯示出隨機應變、就地取材的創造力。

中原人士爲逃避政治動亂及戰火，自魏晉南北朝時期陸續渡海來到金門定居，基於自保及生存的理由，很自然地形成同姓的宗族聚落，如山后王氏、瓊林蔡氏、北山李氏和沙美黃氏等。

爲防風、防盜，金門聚落的排列非常獨特，金門傳統的民宅常聚在一起，前後二屋間的空地，以石牆圍成獨立的院落；屋與屋之間狹長的空地，既可做爲巷弄，也兼具防火與排水的功能。整個聚落就是一個完整的社區，居民在其間生活，彼此的關係和互動非常地緊密，宛然就是一個大家庭。

在建築的形式上，金門傳統民居頗具美感，高聳的燕尾在天際畫下優美的弧線，紅磚及花崗岩砌成的牆上，充滿了幾何線條的趣味。石牆的線腳隨著地勢的起伏上下變化，紅磚白牆，色彩的對比十分鮮麗，整體的感覺淳樸渾厚，十足南中國的風味。

紅磚、燕尾及護龍，是閩南式建築的特色，過去只有官宦和有功名的人家才能興建燕尾屋脊，平民只能建馬背形式。不過後來一些大戶人家爲了彰顯家業，不顧這項禁令，偷偷地蓋起了燕尾的豪宅，也沒看到官方禁止取締，大家有樣學樣，爭相效法，高翹的燕尾住家便逐漸多了起來。

不過燕尾建築的式樣雖然華麗，煞氣卻很重，鄰居在興建屋宇時，還須建圭形的山牆來遮蔽燕尾脊角，以化解煞氣，這些都屬風水的觀念，不過居民還是很相信，所以圭形山牆和燕尾屋脊，在金門傳統的民居中都很普遍。

鎮煞之寶風獅爺

談到煞氣，金門居民都非常相信，在風水學上，凡是對居所會產生不良影響的事物，都叫做煞氣。爲了避煞、防煞或鎮煞，金門居民有一項非常獨特的「壓勝物」，那就是大名鼎鼎的風獅爺。

早年金門十分荒涼，島上寸草不生，每當冬天強勁的東北季風吹颳起來時，一無遮蔽，飛沙走石，天昏地暗，居民的生活及農作都大受影響，因此深受其害。村民便在村口迎風處豎立風獅爺，作爲祈福、鎮煞之用。

獅子具有勇猛威武的氣勢，在宗教上常被視爲具有守護功能的祥瑞神獸，在金門居民的信仰中，結合了風神飛廉的靈異之後，便成了鎭煞驅風的勇將。矗立村口，張開大嘴，邪惡之物便不敢靠近。風獅爺在設立時，須先宰殺一隻白公雞，連血一齊埋在地下，讓風獅爺吸收了血氣之後，才有神力附身，來嚇退妖魔鬼怪。

風獅爺的材料多爲花崗石或青草石，也有少數用泥塑，如此才能久經風霜而不毀。但金門成爲戰地之後，烽火連天，砲聲隆隆，長達數十年之久，早年四處林立的風獅爺隨著歲月的流逝，如今只剩七十幾尊。它們設立的時間也不可考，一般而言，石雕較早，泥塑較晚，依金門林相遭破壞的時期來推論，當有一、二百年的歷史了。

過去三、四十年來，經由軍民一齊努力造林，如今金門已是一片翠綠，樹木成蔭，遠離了風害，但居民對風獅爺的祭祀膜拜依舊。每年農曆八月十五日，也就是中秋節那天，據傳爲風獅爺的生日。許多居民會在這天舉行祭祀祈福的儀式，將紅色的披巾繫在風獅爺的身上，並將祭祀的供品塞在祂的嘴裡，稱爲「塞虎口」，要讓風獅爺享受一頓豐盛的美食，以報答祂終歲站崗、保護村民的辛勞。

從鎭煞驅風到成爲地方村落的守護神，一、二百年來，風獅爺與金門居民的生活與信仰已融爲一體，其藝術價值與宗教信仰，實爲金門一項珍貴的文化資產，值得進一步的保護和宣揚。

從造林到生態豐富的島嶼

前文提到，早年金門十分荒涼，島上寸草不生，居民深受風害之苦。究其歷史，金門原是個林木蓊鬱的綠色島嶼，可見早期草木不生，並非自然現象，而是先民過度砍伐的結果。

據史料記載，金門伐林，始於元代在此開設鹽場，燃木製鹽，最盛時曾達十處之多，所需薪柴不計其數。明末鄭成功移師金門，為了反清復明的大業，也曾大肆伐木造艦，原有的美林悉遭砍伐殆盡，從此缺乏林蔭遮蔽，風害才會日趨嚴重。

民國三十八年古寧頭大捷之後，先總統蔣公首度到金門前線視察，看見黃土飛揚，漫天塵沙，金門戰地宛如一片沙漠，軍民生活極為不便，便指示金防部應積極造林，涵養水源，從此造林便成為軍方首要任務。規定每個士兵要種十棵樹木，若有樹苗枯死，得接受軍法處罰，所以全體官兵無不謹慎從事。社會和學校也熱烈響應，被動員起來造林。小學生的勞動時間改為挑水澆樹，家長不得養羊，以免羊隻啃食樹苗，凡此種種，都看得出當時的造林確是當務之急，也是一項全民參與的運動。

民國四十五年，農復會的林業專家康潮專程來到金門，指導軍方在雙乳山地區造林，軍方出動重機械翻破硬紅土，逢雨造林，存活率極高，前後共種了六十六萬株的樹，如今已成爲金門國家公園內的綠色林海。此後歷任司令官都極重視造林，每年雨季來臨時，軍中都舉辦造林示範講習，每年種樹二百萬株以上，大大地改善了金門的地景地貌，原來的沙漠變成了綠洲，使得金門脫胎換骨，徹底改變了生態環境，成爲一座自然生態豐富的島嶼，其中又以鳥類最具有代表性。

鳥禽的樂園

受到過去戒嚴以及戰地政務的管理保護，金門地區仍保有許多原始的自然景觀。軍管時期爲了僞裝及阻絕的需要，在計畫性造林復舊之下，慢慢成就了全島蓊鬱翠綠的風貌，也因此博得了「海上綠色公園」的美譽。

金門的原生植物大約有四百多種，過去鮮有人爲干擾的海岸、濕地，發展出豐富多樣的潮間帶生態，其中以活化石「鱟」最爲著名，牠在地球上存活已有三億年之久。近年數量大減，是亟需重視的保育動物。

而金門更引人注目的是飛翔在天空的嬌客，園內鳥類高達三百多種，密度爲全台之冠。其中鵲鴝、斑翡翠等鳥種，從未在台灣發現過；戴勝、玉頸鴉、蒼翡翠，台灣也很少見到。

此外，本區也是候鳥過境、度冬的樂園，成群結隊的鸕鷀等候鳥，在冬天隨著東北季風飛到金門水域過冬，每年十月到翌年三月，都可看到牠們嬌豔的身影，主要的棲息處有慈湖、太湖、瓊林水庫及小金門的陵水湖，已成了金門國家公園冬日最動人的風景。

陵水湖位於小金門的上庫與上歧二個村落之間，原本是個易淹水的低窪地。每逢海水漲潮，必定氾濫成災，成爲水鄉澤國，居民苦不堪言。直到民國五十二年，虎軍部隊駐防於此，在這兒攔港爲堤，聚雨成湖，終以人力興建了小金門唯一的淡水湖。

陵水湖在經濟上有利於水利灌溉，在觀光上多了一個美麗的景點，由於風光明媚，水波瀲灩，平時水鳥就喜歡在這兒棲息、覓食。冬天一到，候鳥雲集，羽翼足以遮天蔽日，最後紛紛落在湖岸水湄，在碧波間優游，啁啾聲此起彼落，婉轉靈動，爲一向寧靜的湖濱增添不少熱鬧的氣息，如今已成了金門最佳的賞鳥樂園。

花崗岩與紅土層的地質

金門地區地質屬於閩東變質岩帶中段，與鄰近的福建沿海區有相近的岩性特徵，其基底岩層以花崗片麻岩的分布最爲廣泛，局部地區則有混合岩及花崗岩。整體而言，金門本島的地質單純，以瓊林、尚義連成一線，將金門本島分成東西兩半部，東半部明顯地大量出露花崗片麻岩，西半部則是以紅土層爲主體。

國家公園園區所在的金門和烈嶼，屬於副熱帶小型島嶼，地形由老年期波狀丘陵、紅土台地、海岸低地所組成；整體外觀爲低矮的台地包圍著台地之上的花崗岩丘陵，最高點太武山高度僅爲二百五十三公尺。西半部紅土台地的地面大致保存完整，但是局部因河流切割而成爲惡地形。由於雨量的分布有明顯的季節性，旱季特別長，加上島上河流不多，流量也不大，旱季時都變成乾涸的溪溝。

由於天氣乾旱，雨量稀少，金門的土壤十分貧瘠，不適合水耕，只適合種植高粱和花生這類旱生的作物。它們不僅是金門主要的農作物，也是金門最重要的二項經濟作物，因爲它們所製作出來的貢糖和高粱酒，已成了金門的特產，遠近馳名，享譽世界各地。

金門貢糖與高粱酒

金門貢糖的「貢」字有何意義？爲何不稱爲花生糖？有人說，「貢」與「摃」同音，花生糖在製作的過程中必須捶打，所以稱爲「貢糖」。另有人說，「貢」即「進貢」之意，相傳貢糖爲古代呈獻給皇帝的貢品，所以冠上「貢」字。

不管何者正確，都說明貢糖的品質與風味絕佳，尊貴如皇帝都愛不釋口。貢糖因爲所包的餡不同，而有芝麻、香酥、海苔等各種不同的風味，最受歡迎的是「豬腳軟貢」和「竹葉貢糖」。前者外撒芝麻，後者外包竹葉，風味獨特，口感絕佳，可算是金門貢糖中的極品，價格當然也較昂貴。

至於金門高粱，更是享譽全台，蜚聲國際。它的成功可說是上天所賜，一得自大陸性海洋氣候，空氣清新；二得自花崗岩間蘊藏的地下水，礦物質含量特別高；三得自金門當地所產的高粱，顆粒小、表皮厚，澱粉及蛋白質的含量特別多。有這三種條件，才能釀出如此香醇美味的佳釀。

民國四十一年，胡璉司令官請葉華成負責研製高粱酒的配方，融合上述三大條件，成功地釀出風味獨特的金門高粱酒，次年在金門設立九龍江酒廠——爲金門酒廠的前身，專門製造高粱酒。經過四十多年的努力研發，香醇的美味廣受顧客的歡迎，終於成爲國產酒類的第一品牌，產品供不應求，乃於民國八十四年在金寧鄉增建第二酒廠。從此金酒飄香，風行海內外，賺取的高額利潤，成爲金門縣財政收入的主要來源，創造了金門經濟的另一項奇蹟。

再度向世界發光

特殊的地理位置，使金門成爲保障台澎安全的第一道防線。多次的慘烈戰役，留下不可磨滅的歷史遺跡，如古寧頭戰場、北山古洋樓、地下坑道、反空降樁、反登陸樁、馬山觀測站及播音站等。

戰火停息之後，彈孔還殘留著硝煙的味道，金門獨有的戰地史蹟，深植在花崗岩的土壤裡，也刻印在閩南古風的建築裡。戰地風情，讓規模不大的金門國家公園，仍比其他廣大的國家公園的內涵顯得更爲豐富、更令人感動。

在自然生態方面，鳥類是金門國家公園的另一個寶藏，許多台灣未見的鳥類，藏身在木麻黃林裡，每年秋冬之交，大批候鳥群聚在湖邊棲息覓食，構成一幅愜意的自然圖畫。雖然碉堡和鐵絲網還在，在祥和的海風吹拂下，硝煙味已慢慢散去，金門在卸下武裝之後，現在已由謐靜而優美的國家公園所取代。

在人文史蹟方面，山后的民俗文化村保存了金門傳統的建築之美，民居聚落裡洋溢著宗族濃郁的情感，威武的風獅爺庇蔭著虔敬的居民度過了憂患重重的歲月，貢糖讓嘴饞的人口齒留香，高粱酒溫暖了戍守前線的阿兵哥的愁腸，多少詩人墨客最禁不住那甘醇的酒香，醉臥沙場，一筆一筆地化成人文風流。

承載著這許許多多的戰地史蹟和人文風采，金門國家公園已將過去的戰地，成功地轉型成一座海上的綠色長城，一盞煥發著人文風采的燈塔，傲然挺立在海角一隅，向世界發光，引領世人航向它豐富的內涵。

參考書目

一、《國家公園深度之旅》（上冊）台灣博格文化事業有限公司，九十二年十一月
二、《國家公園深度之旅》（下冊）台灣博格文化事業有限公司，九十二年十一月
三、《金門史話》李增德著，金門縣政府文化局，九十四年三月
四、《和平的代價》黃振良、董群廉合著，金門縣政府文化局，九十六年六月
五、《金門古蹟導覽》金門縣政府，九十年二月
六、《金門戰地史蹟》黃振良著，金門縣政府文化局，九十二年四月
七、《台灣原住民的歷史源流》潘英著，台原出版社，八十七年十月
八、《看見太魯閣》顏崑陽編輯，躍昇文化事業有限公司，九十年四月
九、《恆春半島深度旅遊》陳文、周民雄合著，遠流出版公司，八十九年十月
十、《台灣的火山》宋聖榮著，遠足文化公司，九十五年六月
十一、《台灣的溫泉》宋聖榮、劉佳玫合著，遠足文化公司，九十二年三月
十二、《陽明山》周君怡著，太雅出版公司，八十八年四月
十三、《陽明山十大傳奇》林宗聖著，人人月曆公司，八十九年一月

文學叢書 245

INK PUBLISHING

台灣山海經國家公園生態文學之旅

作　　者　古蒙仁
攝　　影　王智筠、呂理山、宋國承、林建全、邱長漢、柳志勳、林君達、吳國禎、胡彩鳳、柯煒煜、洪正安、洪瑋伶、莊家榮、連敏宏、陳得康、陳治平、陳正祥、陳一文、陳美伶、黃基峰、黃秋鶯、程文鐸、彭雲祺、張昭明、葉奇濤、鄒文崧、楊雲宗、楊俊生、詹題禎、廖福麟、鄭其松、鄭文照、劉萬枝、賴南光、謝宗憲
(內政部營建署國家公園組授權暨提供)
指導贊助　內政部營建署國家公園組／陽明山國家公園管理處
雪霸國家公園管理處／玉山國家公園管理處
墾丁國家公園管理處／太魯閣國家公園管理處
金門國家公園管理處
共同主辦單位　內政部營建署
財團法人台灣公益組織教育基金會
總 策 劃　蘇進強（履疆）
企劃執行　蘇璟斌　洪嘉羚

總 編 輯　初安民
責任編輯　施淑清
美術編輯　黃子欽
地圖繪製　黃昶憲
校　　對　吳美滿　施淑清　鄭慧雯

發 行 人　張書銘
出　　版　INK印刻文學生活雜誌出版有限公司
台北縣中和市中正路800號13樓之3
電話：02-22281626
傳真：02-22281598
e-mail : ink.book@msa.hinet.net
網　　址　舒讀網http : //www.sudu.cc

法律顧問　漢廷法律事務所
劉大正律師
總 經 銷　成陽出版股份有限公司
電話：03-2717085（代表號）
傳真：03-3556521
郵政劃撥　19000691 成陽出版股份有限公司
印　　刷　海王印刷事業股份有限公司

出版日期　2009年12月　初版
ISBN　978-986-6377-51-8
定價　350元

國家圖書館出版品預行編目資料

台灣山海經：
國家公園生態文學之旅／古蒙仁著；
－－初版，－－臺北縣中和市：INK印刻文學，
2009.12　面；　公分（文學叢書；245）
ISBN 978-986-6377-51-8（平裝）
1. 國家公園　2. 生態旅遊　3. 台灣
992.3833　　98022279